SPIRALIZE YOUR LIFE

KOCHEN MIT DEM SPIRALSCHNEIDER

WECK
WECK 290

Rose Marie Donhauser

SPIRALIZE YOUR LIFE

KOCHEN MIT DEM SPIRALSCHNEIDER

Über 50 gesunde Gerichte für jeden Tag

EMF

EIN BUCH DER EDITION MICHAEL FISCHER

INHALT

Marinierter Zucchini-Salat, S. 31

„Curly Fries“, S. 93

Lauwarme Apfelspaghetti, S. 139

Roher Spargelsalat, S. 29

Zoodles-Mini-Pizzas, S. 87

Kaltes Buttermilchsüppchen, S. 55

Gemüsespaghetti, S. 103

Grüner-Papaya-Salat, S. 45

PERFEKT IN FORM

Gemüse und Früchte zu Spiralen oder Spaghetti, dick oder dünn, schneiden, das gelingt ganz leicht mit einem speziellen Küchenwerkzeug, dem Spiralschneider. Er liegt derzeit voll im Trend und begeistert all jene, die Freude an kreativem Kochen haben. Oder waren es Veganer und Vegetarier, die diese kunstvolle Schneidewelle ins Rollen gebracht haben? Vielleicht waren es auch kochbegeisterte Menschen, die sich eine neue Optik auf dem Teller und ein schnelles und problemloses Schneiden gewünscht haben?

Die Begeisterung dieser Menschen beruht vor allem darauf, was der ungewöhnliche Küchenhelfer alles zu bieten hat. Man spart Zeit, weil das mühsame Schneiden mit dem Messer entfällt. Außerdem werden mit dem Spiralschneider Streifen, Girlanden oder Spaghetti aus Obst und Gemüse nicht nur formschön, sondern auch sehr gleichmäßig. Die Vielfalt an Einsatzmöglichkeiten begeistert auch diejenigen, die Kalorien sparen möchten, sowie die Anhänger von Low Carb, Paleo, Raw Food oder einer Ernährung ohne tierische Produkte.

Mit dem kleinen Spiralschneider werden feste Gemüsesorten wie Zucchini, Möhren und Gurken geschnitten. Gemüsespaghetti von Zucchini haben als „Zoodles" – eine neue Wortschöpfung aus Noodles und Zucchini – Karriere gemacht. Dafür gibt es mittlerweile zahlreiche Zubereitungsarten, ob gegart oder roh, Zoodles sind kalorien- und kohlenhydratarm. Auch Menschen, die glutenfrei essen müssen, freuen sich über diese kunterbunte Abwechslung auf dem Teller.

Mit dem großen Spiralschneider mit Kurbel können nicht nur Zucchini, Möhren und Gurken geschnitten werden, sondern auch größere Gemüsesorten und Früchte mit einer festen Struktur, zum Beispiel Paprikaschoten, Rote Bete und Kartoffeln sowie Äpfel und Birnen.

Es lohnt sich also, diesen Neuling unter den Küchenhelfern anzuschaffen. Und wenn Sie erst einmal den Dreh heraushaben, kommt der Spiralschneider – mit oder ohne Kurbel – sicher in den Schrank mit den am häufigsten verwendeten Küchengeräten.

Im Grundlagenteil dreht sich alles um die „Inspiralisierung". So finden Sie dort Tipps und Tricks rund um den praktischen Küchenhelfer. Sie erfahren, welche Gemüse- und Obstsorten sich zum „Einspannen" am besten eignen und was Sie alles damit machen können, zum Beispiel Gemüsespaghetti roh zubereiten, braten, kochen oder frittieren. Sie lernen dekorative Spielereien, kunterbunte Gemüsekringel und Spiralen für den Kinderteller kennen und erhalten Ideen zum Garnieren.

Im Rezeptteil finden Sie über 50 interessante Rezepte mit Gemüse oder Früchten als Hauptzutat. Auch vegane und vegetarische Gerichte sind dabei. Alle Gerichte sind im Handumdrehen fertig und schnell auf dem Tisch.

Viel Spaß beim Ausprobieren und Auswählen der Rezepte sowie beim Drehen und Kurbeln.

Ein entspanntes Kochvergnügen und guten Appetit wünscht Ihnen

Rose Marie Donhauser

Wissens-wertes

über den Spiralschneider

DIE ANDERE ART ZU SCHNEIDEN

Wer auf eine gesunde, ausgewogene Ernährung Wert legt, isst viel Gemüse und Obst, entweder zum Frühstück, als Snack zwischendurch oder als Beilage zu den Hauptmahlzeiten. Und wenn Gemüse, Salat, Apfel und Co. optisch schön geschnitten daherkommen, schmeckt alles viel, viel besser. Oft fehlt es an geeigneten Rezepten. Auch die Vorstellung, „stundenlang" schnippeln zu müssen, macht keinen Spaß. Doch mit dem passenden Küchenwerkzeug lässt sich die Arbeitszeit beim Schneiden verkürzen und man wird belohnt mit formschönem, akkurat geschnittenem Gemüse und Obst. Welche Gerätschaften zur Auswahl stehen, stelle ich Ihnen an dieser Stelle genauer vor. Von einfach bis edel, von günstig bis etwas teurer ist alles dabei.

Sparschäler und Julienneschneider

Mit einem Sparschäler werden Gemüse und Früchte von ihrer Schale befreit. Zudem kann man damit auch Gemüse und Früchte mit fester Struktur in Streifen abziehen, egal ob von Möhren, Zucchini, Rettich, Salatgurke, Äpfeln, Birnen, Nashi-Birnen, Rüben und Rübchen, Roter Bete, Spargel, Kartoffel, Kohlrabi, Kürbis, Süßkartoffel oder Knollensellerie. Oft wird diese Art, etwas in Streifen zu schneiden, jedoch nur für Dekorationszwecke eingesetzt. Zu mühsam wäre es, mit dem Sparschäler Gemüse oder Früchte für beispielsweise vier Portionen in Streifen zu schneiden. Auch die Verletzungsgefahr ist bei zu dünnen Stangen wie Spargel zu groß. Je mehr Streifen abgezogen werden, umso schwieriger ist es, das Gemüse noch richtig in der Hand zu halten. Sind die Spargelstangen allerdings schön dick, so leistet der Sparschäler gute Dienste, wie beim Rezept Roher Spargelsalat mit Erdbeeren (siehe S. 29).

Mein Fazit:
Ein Sparschäler schneidet Obst und Gemüse zu ungenau in Streifen. Fängt man mit dem preislich sehr günstigen Küchenhelfer erst einmal an, wird schnell die Neugier auf etwas Besseres geweckt.

Der Julienneschneider, das französische Wort „Julienne" heißt übersetzt dünne Streifen, schneidet mit einer scharfen Messerklinge und einer integrierten breiten, abgestuften Metallplatte einzelne Gemüsestreifen. Er ist die Weiterentwicklung eines Sparschälers, der in seiner Konstruktion breit in der Hand liegt und als Spiralschneider in Form eines Sparschälers betrachtet werden kann. Auch mit diesem Küchenhelfer bekommt man sehr feine Gemüsestreifen.

Mein Fazit:
Der Julienneschneider ist ein kostengünstiges Küchenutensil, um herauszufinden, wie oft es zum Einsatz kommt. Wenn der Julienneschneider häufig verwendet wird, dann ist es Zeit, sich einen Spiralschneider zu leisten.

Spiralschneider ohne Kurbel

Den einfachen Spiralschneider, der problemlos in einer Küchenschublade Platz hat, gibt es schon zig Jahre im Handel. Er besteht aus einem handlichen Kunststoffgehäuse mit Metall-Schneidevorrichtung. Das entsprechende Gemüse wird in das Gehäuse gedreht und in Endlosstreifen geschnitten.

Einsatz fand dieser einem Bleistiftspitzer ähnelndem Küchenhelfer in den Anfangsjahren mehr zum Dekorieren und Garnieren von Speisen, zum Beispiel als kunstvoll geschnittene und gleichmäßig feine Spiralen mit geringem Durchmesser. Mit einem normalen Messer bekommt man das kaum so genau hin.

Mein Fazit:
Mit diesem „Gemüsespitzer" lassen sich längliche Gemüsesorten wie Möhren, Pastinaken, Salatgurken und

Zucchini perfekt schneiden. Große Gemüsesorten wie Kartoffeln passen nicht in die trichterförmige Vorrichtung. Da das Gemüse manuell eingedreht wird, braucht es schon ein bisschen Muskelkraft, wenn eine große Menge an Gemüse zu schneiden ist. Trotzdem ist er ein handliches und praktisches Gerät und zudem leicht zu reinigen. Verschiedene Hersteller bieten Spiralschneider ohne Kurbel in unterschiedlichen Designs und Materialien an. Einfach beraten lassen und eventuell bei Freunden, die Erfahrung damit haben, einmal nachfragen, auf welche Marke sie schwören.

Spiralschneider mit Kurbel

Es gibt sie in horizontalen Varianten, auf den ersten Blick mit einer herkömmlichen (Brot-)Schneidemaschine vergleichbar. Es gibt sie aber auch in vertikalen Ausführungen, hier geht die erste Assoziation in Richtung rundem Spätzlehobel. Je nach Anbieter gleichen sich alle in der Leistung und bei den Vorteilen, also dem perfekten Schneiden, der leichten Handhabung und der Zeitersparnis. Beim Aussehen und Design sowie bei der Farbe gibt es viele Unterschiede, wobei sich alle preislich ungefähr auf demselben Niveau bewegen. Die horizontalen Geräte stehen kompakt und fest fixiert mit „Gumminäpfen" auf dem Arbeitstisch. Mit der gezackten Drehscheibe werden Gemüse oder Obst fixiert und gegen die Klinge gedrückt. Mit dem Drehen der Kurbel geht's dann los. Nur die Auswahl muss zuvor noch getroffen werden, ob dünne oder dicke Spaghetti oder lieber glatte dickere Streifen. Einfach alle Möglichkeiten ausprobieren und den Schneider mal so oder so einstellen. Bei den vertikalen Küchengeräten wird anders gekurbelt, nicht vorwärts rundum, sondern seitwärts rundherum. Damit könnte man, falls gewünscht, die Gemüsestreifen über einem Kochtopf oder einer Pfanne direkt schneiden und hineinfallen lassen – oder doch besser in den mitgelieferten Auffangbecher. Vier verschiedene Schnittbreiten stehen zur Auswahl: dick oder dünn, Spiralen oder Spaghetti. In den Herstellerbroschüren sind die exakten Schnitttechniken angegeben, ob Spiralen, Spaghetti mit zwei oder vier Millimeter Dicke, Girlanden mit einer Schnittbreite von zwölf und 50 Millimetern. Oder bei speziellen Ausführungen außerdem noch „Curly Fries" und „Gemüsetornados".

Bestimmte Gerätehersteller werben auch mit den scharfen Messerklingen, dass diese feste Wurst- und Käsesorten schneiden können. Auch hier gilt einfach ausprobieren.

Elektrische Spiralschneider

Hierbei muss man nicht mehr mit eigener Muskelkraft Gemüse drücken und drehen, sondern einfach auf den Knopf drücken und schon purzeln die schönsten Gemüseformen in den Auffangbehälter. Diese Geräte gibt es von verschiedenen Herstellern, sie sind mit vier austauschbaren Schneideeinsätzen aus rostfreiem Edelstahl ausgestattet. Außer Zucchini, Salatgurken und Möhren können feste Gemüsesorten wie Kartoffeln oder feste Auberginen so zugeschnitten werden, dass sie mit einem Durchmesser bis zu 6,5 Zentimetern genügend Platz haben, um nach Wunsch geschnitten zu werden. Die neueren Modelle der elektrischen Spiralschneider sind gegenüber den manuellen Modellen zwar ein bisschen teurer, aber in der leichten Handhabung wesentlich besser.

Mein Fazit:

Diese formschönen Geräte haben ihren Preis, lassen sich aber sehr gut platzsparend verstauen, indem Motorstab, Drehscheibe und Schneideeinsätze im Gemüse-Auffangbehälter genügend Platz haben.

Bereicherung für den Alltag

Egal für welches Modell man sich entscheidet, ob Spiralschneider mit oder ohne Kurbel, manuell oder elektrisch, dieser integrierte Küchenhelfer wird immer mehr zum Einsatz kommen. Denn damit lassen sich Lieblings- oder bewährte Standardgerichte mit Gemüse und Obst nicht nur zeitsparend, sondern auch in einer anderen Optik zubereiten. Bewährte Rezepte wie Apfelkuchen, Kartoffelgratin, Rohkost, Kürbis- oder Kohlrabigemüse lassen sich damit etwas aufpeppen. Wer sich einen Spiralschneider anschafft, hat also viele Möglichkeiten, etwas Abwechslung in die Alltagsküche zu bringen. In diesem Kochbuch gibt es zur Anregung viele raffinierte und ungewöhnliche Rezepte. Alle wurden passend für das jeweilige Schneidegerät entwickelt und laden zum Experimentieren ein.

GEEIGNETES GEMÜSE UND OBST

Wer den Dreh einmal heraus hat, wird mit Sicherheit versuchen, alles einzuspannen, was möglich ist. Oberstes Ziel ist, mit dem Spiralschneider feine lange Spaghetti oder Spiralen aus Gemüse und Obst zu schneiden. Das eine oder andere Gemüse wie die Aubergine muss erst etwas zurechtgeschnitten werden, bevor es mit leichtem Druck in den Spiralschneider kommt. Verschiedene Kohlsorten wie Weiß-, Rosen- und Rotkohl lassen sich quer in feine Streifen schneiden. Auch besonders dicke Brokkolistiele können im Spiralschneider zu rohen Nudeln oder Streifen geschnitten werden und Rohkostsalat nicht nur optisch aufpeppen. Experimentieren Sie und finden Sie heraus, was alles möglich ist und Ihnen gefällt. Wenn der Spiralschneider noch Zusatzhilfen für anderweitiges Schneiden hat, umso besser. Ab hier werden Gemüse- und Fruchtsorten vorgestellt, die sich besonders gut für die „Spiralisierung" eignen, und im Rezeptteil ab Seite 23 gibt es zahlreiche Rezepte mit diesen Sorten.

Kartoffeln

Am besten eignen sich festkochende Sorten. Ob klein oder groß, die Kartoffeln waschen, schälen und mit der gezackten Drehscheibe fixieren, dann kurbeln. Die geschnittenen Nudeln eignen sich am besten zum Frittieren und Grillen im Backofen. Ein gutes Beispiel dafür sind: Knusprige Kartoffelnester mit Tsatsiki (siehe S. 69).

Knollensellerie

Die Struktur des Knollenselleries kann holzig sein, bei älteren Exemplaren wird das Gemüsefleisch biegsam und weich. Der Großteil der Spiralschneider kann Knollensellerie nicht schneiden, es gibt aber vereinzelte elektrische Geräte, welche Wurst, Käse – und auch Knollensellerie schneiden können. Beim Rezept Waldorfsalat mit Nüssen (siehe S. 53) wird der Knollensellerie mit dem Julienneschneider in Streifen geschnitten.

Kohlrabi

Ob groß oder klein, die Knollen waschen, schälen und in den Spiralschneider einsetzen. Die knackige Struktur ermöglicht tolle Ergebnisse, wie zum Beispiel beim Apfel-Kohlrabi-Salat mit Petersilien-Walnuss-Pesto (siehe S. 47).

Möhren

Dieses pikant-süßlich schmeckende Wurzelgemüse gehört zu den Stars in der Zoodle-Szene. Einfach waschen, schälen und ab in den Spiralschneider ohne oder mit Kurbel. Ein Rezept aus der „Coodles-Fraktion" ist Kichererbsenmus mit karamellisierten Coodles (siehe S. 35).

Paprikaschoten

Schoten mit fester Struktur, also keine überlagerten, weichen, biegsamen Paprikaschoten, einfach waschen, die Seite mit dem Stielansatz entfernen und die Paprika entkernen. Dann in den Spiralschneider einsetzen und Endlosspiralen produzieren, beispielsweise für: Würzige Gemüse-Tortilla mit Manchego (siehe S. 71).

Pastinaken

Dieses feine Wurzelgemüse ist zum „Durchdrehen" gut geeignet. Entsprechende Exemplare, sie sollten etwas dicker sein, waschen, schälen und im Spiralschneider wie beispielsweise eine Möhre einsetzen und zu Spaghetti schneiden. Sehr gut schmeckt die Pastinakensuppe mit scharfem Curry (siehe S. 39).

Petersilienwurzeln

Größere, dicke Wurzeln waschen, schälen und wie Möhre, Pastinake oder Gurke in den Spiralschneider einsetzen. Das aromatische Fruchtfleisch muss wie bei den anderen Gemüsesorten fest sein. Sobald sich die Wurzel leicht biegen lässt, was auf längere Lagerung hinweist, sind sie schwer zu schneiden. Petersilienwurzeln werden auch oft mit anderen Gemüsesorten kombiniert, so wie im Rezept Nudel-Gemüse-Wok Miegoreng (siehe S. 77).

Radieschen
Hübsche Kringel von möglichst großen Radieschen werden im Spiralschneider mit Kurbel geschnitten. Diese einfach waschen, die Enden glatt schneiden und in den Spiralschneider einspannen, wie beim Rezept Kaltes Buttermilchsüppchen mit Radieschen (siehe S. 55).

Rettich
Alle Sorten, ob weiße, rote oder schwarze, haben eine feine Fruchtfleischstruktur, die man gut zu Fäden schneiden kann. Den Rettich waschen, schälen und die Enden plan schneiden. Probieren Sie mal den Rohkostsalat mit Rettich und Schnittlauchbrot (siehe S. 37) aus.

Rote Bete
Diese erdige Knolle in den Farben Rot, Weiß-Rot und Gelb schmeckt als Rohkost und im gegarten Zustand. Die Knollen möglichst mit Plastikhandschuhen waschen (damit die Hände sauber bleiben), schälen und in den Spiralschneider mit Kurbel einsetzen, dann zu Endlosspiralen oder Spaghetti schneiden. Ein passendes Rezept dazu: Rohköstliche Rote Bete mit Joghurtdressing (siehe S. 25).

Salatgurken
Das fein strukturierte Gurkenfruchtfleisch lässt sich problemlos – ohne Druck – zu Spaghetti drehen. Frisch und fruchtig schmecken sie roh, leicht gegart ähneln sie den Teigspaghetti. Viele Rezepte mit Gurken stehen zur Auswahl, da sie oft mit anderen Gemüsesorten gemischt werden. Solo glänzen sie in der Kalten Gurkensuppe mit Räucherlachs (siehe S. 33).

Süßkartoffeln
Leicht süßlich im Geschmack und gegart mit cremiger Konsistenz, so präsentieren sich Süßkartoffeln. Große Exemplare zuerst in geeignete Stücke schneiden, um sie passend im Spiralschneider mit Kurbel einzuspannen. Dann zu Gemüsenudeln schneiden, wie im Rezept Süßkartoffelpfanne mit Babyspinat (siehe S. 91).

Zucchini
Die Stars der Zoodle-Szene punkten mit ihrer feinen Struktur sowie dem eher neutralen Geschmack, der mit Käse, Tomaten, Fisch oder Fleisch und diversen Gewürzen bestens harmoniert. Es gibt viele Zoodles-Rezepte, das vielfältige Angebot reicht von roh und gekocht über im One Pot mitgegart bis zu separat in Salzwasser gegart.

Zwiebeln
Kleine oder große Zwiebeln schälen und im Spiralschneider in Streifen schneiden. Manchmal verrutschen sie im Gerät, das deutet dann meist auf ältere Exemplare mit weicher Struktur hin. Ein schönes Rezeptbeispiel ist: Gratinierte Kartoffeln mit Zwiebeln und Sardellen (siehe S. 111).

Äpfel
Nach Belieben eine Apfelsorte nach Geschmack wählen, waschen, schälen und je nach Gerät das Kerngehäuse mit einem Rundausstecher entfernen, dann die Äpfel zu Girlanden oder Spaghetti schneiden. Mit Früchtespaghetti mit Kakisoße gelingt ein lecker-fruchtiges Vergnügen à la Nudeln mit Tomatensauce (siehe S. 21).

Birnen
Zuerst mit den Händen prüfen, ob die Birne hart genug ist, um im Spiralschneider „gekurbelt" zu werden. Ein saftig weiches Fruchtfleisch schmeckt zwar gut, lässt sich aber schwer zu Spaghetti oder Scheiben schneiden. Probieren Sie mal Birnen-Apfel-Carpaccio mit Parmesan (siehe S. 127) oder Gratinierte Birnen mit Mandeln (siehe S. 131) mit möglichst festen Früchten.

Nashi
Diese asiatische Birne hat ein festes Fruchtfleisch, schmeckt ein bisschen nach Apfel und ein wenig nach Birne. Sie wird im Spiralschneider genauso behandelt wie Äpfel und Birnen. Zum Kennenlernen der besonderen Frucht am besten einfach mal das Rezept Sommerdessert mit Minze im Glas (siehe S. 137) ausprobieren.

VOR DEM GROSSEN AUFTRITT

Der neue Spiralschneider, mit oder ohne Kurbel, steht startklar in der Küche und wartet auf seinen Einsatz. Damit Sie diesen Küchenhelfer auch möglichst oft verwenden, finden Sie viele passende und innovative Rezepte in diesem Buch. Lassen Sie sich inspirieren! Fast alle Zubereitungsmöglichkeiten – von roh über gekocht bis hin zu frittiert – stehen zur Auswahl. Doch vor der Premiere bekommen Sie noch einige Tipps aus der Praxis und Antworten auf Fragen wie: Was muss man beim Einkauf der Zutaten beachten? Was mache ich mit möglichen Resten? Und wie wird das neue Küchenutensil gereinigt und gepflegt?

Einkauf und Lagerung

Eine feste Struktur bei Gemüse und Früchten sind die wichtigste Voraussetzung für die „Spiralisierung". Am besten beim Einkauf schon auf eine gute Qualität der Produkte achten. Nach Möglichkeit frische Ware mehrmals die Woche einkaufen und nicht zu lange lagern. Je weicher das Fruchtfleisch von Gemüse und Obst wird, desto schlechter sind die Schneideergebnisse.

Je nach Qualität und Geschmack müssen Möhren, Äpfel, Birnen und Salatgurken im Spiralschneider nicht geschält werden. Obst und Gemüse in Bio-Qualität vor dem Verarbeiten gründlich waschen und abtrocknen.

Und die Reste?

Die Endstücke von Gemüse und Früchten bleiben kaum übrig. Meistens werden sie direkt aus der Halterung vernascht. Wenn nicht, schneidet man sie einfach per Hand in kleine Stücke und gibt sie noch in das jeweilige Gericht.

Spiralen und Streifen sind zu lang

Endlosspiralen und Streifen können während des Schneidens im Spiralschneider durch Absetzen gekürzt werden. Manchmal können zu lange Zoodles beim Essen stören, zum Beispiel in einer Suppe, die gelöffelt wird.

Und der Abwasch?

Alle Spiralschneider mit Zubehör sind für die Spülmaschine geeignet. In der Gebrauchsanleitung wird genau erklärt, wie der Spiralschneider in einzelne Teile zerlegt wird und was davon nicht in die Spülmaschine kommt. Das ist sehr wichtig bei den elektrischen Geräten. Die kleinen Spiralschneider werden kurz unter fließendem kaltem Wasser gewaschen. Der Abwasch hält sich also in Grenzen. Aus eigener Erfahrung ist klar, dass die gezackte Drehscheibe und die gezackten Messerklingen etwas heikler in der Reinigung sind. Besonders wenn viel geschnitten wurde, verheddern sich kleine, feine Gemüse- und Fruchtfasern in den Zacken, die entfernt werden müssen.

Roh, gekocht, gebraten oder frittiert?

In roher Form schmecken alle Gemüse wie Zucchini, Gurke, Kohlrabi, Rettich, Radieschen und Rote Bete hervorragend. Besonders bei den Anhängern der Raw-Bewegung ist der Spiralschneider ein sehr beliebter Küchenhelfer. Gekocht und gebraten werden Gemüsespaghetti und -spiralen in Suppen, in Pfanne und Wok oder auch im Backofen. Frittieren ist eher üblich bei Kartoffeln und Süßkartoffeln. Im Rezeptteil kommen alle Garmethoden vor.

KUNTERBUNTES WASSER

Gefiltertes Wasser oder Mineralwasser wird gern im Wasserkrug serviert. Um ein bisschen Geschmack und Farbe in die neutral schmeckende und farblose Flüssigkeit zu bekommen, ist der Spiralschneider hilfreich. Am besten Bio-Gemüse und Bio-Früchte dafür vorbereiten, denn schließlich schwimmen die Streifen, Scheiben oder Girlanden daraus im Wasser und werden in positiver Weise „ausgelaugt", dabei gehen ihre Inhaltsstoffe ins Wasser über. Hier einige Beispiele für einen Krug mit 1,5–2 Liter Inhalt.

Gurken-Ingwer-Wasser

1 Stück frischen Ingwer schälen und in Scheibchen schneiden. ½ Gurke waschen, nach Belieben schälen und im Spiralschneider mit Kurbel zu Girlanden schneiden. Anschließend in einen Krug geben und mit kaltem Wasser auffüllen. Tipp: Minzeblättchen in Eiswürfelbehältern einfrieren und ein paar davon hinzufügen.

Möhren-Orangen-Wasser

1 große Möhre waschen, nach Belieben schälen und im Spiralschneider mit Kurbel zu Girlanden schneiden. Von 1 unbehandelten Orange 2 Scheiben abschneiden. Alles zusammen mit ein paar frischen Basilikumblättchen in den Krug geben und mit kaltem Wasser auffüllen.

Johannisbeer-Gurken-Wasser

1 kleine Bio-Salatgurke waschen und im Spiralschneider in Spaghetti schneiden. 1 kleine Handvoll Johannisbeeren waschen, mit Küchenpapier abtrocknen und in einen Wasserkrug geben. Eiswürfel und Gurkenspaghetti hinzufügen und mit eiskaltem Wasser auffüllen.

Gurken-Himbeer-Wasser

1 unbehandelte Zitrone waschen, abtrocknen und die Schale in feinen Zesten (Streifen) abziehen. ½ Gurke waschen, schälen und im Spiralschneider zu Spaghetti schneiden. Alles in einen Krug geben, mit kaltem Wasser aufgießen und einige Himbeeren hinzufügen.

Weintrauben-Birnen-Wasser

Zuvor einige lose Weintrauben im Gefrierschrank einfrieren. 1 unbehandelte Limette waschen und abtrocknen, etwas Schale abreiben und den Saft auspressen. Den Limettensaft durch ein Sieb passieren und auffangen. 1 Birne waschen und im Spiralschneider mit Kurbel in Endlosspiralen schneiden. Diese in einen Krug geben, Limettenschale und Limettensaft dazugeben. Mit Wasser auffüllen und die gefrorenen Weintrauben als „Eiswürfel" hinzufügen.

KINDER FÜR GEMÜSE UND OBST BEGEISTERN

Bei Kindern muss man in Sachen Gemüse oft in die Trickkiste greifen, damit die tägliche Portion Gemüse und Obst gegessen wird. Bei ihnen ist die Optik entscheidend, ob etwas probiert, geschweige denn gegessen wird. Hierbei kann der Spiralschneider so manches bewirken. Werden Äpfel in Spiralen geschnitten und mit pürierten Erdbeeren überzogen, ist das für Kinder interessanter, als Apfelschnitze, die sich auf dem Teller oder in der Pausenbox unappetitlich verfärben, zu essen. Oder bei Spaghetti bolognese – manchmal wird gar nicht registriert, dass Gemüsespaghetti und nicht Teigspaghetti auf dem Teller liegen, vorausgesetzt, man spricht nicht drüber. Auch Gurkenspaghetti lassen sich mit viel Tomatensoße auch nicht gleich als gesundes Gemüse enttarnen.

Kunterbunt und überhaupt nicht langweilig, so soll das Essen für Kinder sein. Wenn sie dann auch noch in der Küche mithelfen dürfen und ihre eigenen Kringel, Spaghetti und Endlosspiralen in lustiger Freundesrunde probieren dürfen, macht es ihnen viel mehr Spaß, Gemüse und Obst zu essen. Dazu ein paar Anregungen:

Pizzateig mit verschiedenfarbigen Paprikaspiralen und Zucchinispaghetti nach Lust und Laune gestalten.

Blätterteig mit Gemüsespiralen füllen, den Teig zu einer Rolle formen und die Enden wie ein Bonbonpapier drehen.

Eine **Wok-Party** veranstalten. Die Kinder dürfen ihre selbst „durchgedrehten" Gemüsestreifen in den Wok werfen.

Gemüsenester im Muffinblech. Dafür Möhren- und Zucchinispaghetti 1–2 Minuten in kochendem Salzwasser garen. Dann abgießen, gründlich abtropfen lassen, mithilfe einer Gabel zu Nestern drehen und in die leicht gefetteten Vertiefungen des Muffinblechs geben. Mit einer Mischung aus 200 g Sahne und 2 Eiern übergießen und mit geraspeltem Käse bestreuen. Die Gemüsenester im vorgeheizten Backofen (mittlere Schiene) bei 200 °C Ober-/Unterhitze etwa 10 Minuten überbacken.

Für **Kringelsuppe** Gemüsebrühe in einem Topf aufkochen. Jedes Kind darf seine selbst geschnittenen Spaghetti, Kringel oder Spiralen in den Topf geben, nach ein paar Minuten herausnehmen. Dann wird gemeinsam gegessen.

Früchte-Spaghetti mit Kakisoße. Dafür 1 große Kaki waschen, schälen und klein schneiden. Den Saft von 1 Orange auspressen. Dann Kaki und die Hälfte Orangensaft in ein hohes Gefäß geben und mit einem Stabmixer pürieren. Das Püree nach Belieben durch ein Haarsieb streichen. 1 feste Birne (z. B. Williams oder Abate) waschen, schälen und im Spiralschneider mit Kurbel zu Spaghetti schneiden. In einer Schüssel locker mit dem übrigen Orangensaft vermengen. Die Spaghetti auf zwei Teller verteilen und das Kakipüree löffelweise darüberziehen. Zum Schluss mit 1 Esslöffel gehackten Pistazienkernen bestreuen.

Salate & Suppen

alles mit Biss

Mit
Blumen
dekorieren

Rohköstliche Rote Bete

MIT JOGHURT-DRESSING

Erfrischend und gesund. Knackig, würzig, cremig und mit Kräutern – das ist „Superfood" vom Feinsten.

Zutaten für 2 Portionen

Zubereitungszeit:
25 Minuten

½ kleines Bund Schnittlauch
1 Schalotte
100 g Joghurt
100 g saure Sahne
2 TL Olivenöl
Saft von ½ Zitrone
Meersalz
schwarzer Pfeffer aus der Mühle
3 frische Rote Beten (ca. 800 g)
geräuchertes Paprikapulver

Außerdem
2 EL gehackte Walnusskerne (nach Belieben)
ein paar essbare Blüten oder Kapuzinerkresse (nach Belieben)

1. Den Schnittlauch waschen, trocken schütteln und in feine Röllchen schneiden. Die Schalotte schälen, halbieren und klein würfeln. Den Joghurt mit saurer Sahne, 1 Teelöffel Olivenöl und dem Zitronensaft verrühren. Mit Meersalz und Pfeffer würzen und die Hälfte der Schnittlauchröllchen unterrühren.

2. Plastikhandschuhe anziehen, die Rote Beten waschen und schälen. Dann einzeln in den Spiralschneider mit Kurbel geben und in der gewünschten Stärke Spaghetti drehen. Mit 1 Teelöffel Olivenöl vermengen und auf zwei großen Tellern breitflächig anrichten.

3. Die roten Spaghetti esslöffelweise mit dem Joghurt-Dressing beträufeln und mit den restlichen Schnittlauchröllchen bestreuen. Nach Belieben mit gehackten Walnusskernen garnieren und mit geräuchertem Paprikapulver bestäuben. Zum Schluss mit frischen Blüten oder Kapuzinerkresse dekorieren.

Das schmeckt dazu

Ofenfrische Focaccia oder Walnussbrot.

Tipp

Wenn Gäste kommen, werden die essbaren Blumen bestimmt ein Gesprächsthema sein, weil die farbenfrohe Dekoration einfach fröhlich stimmt.
Essbare Blumen oder Blüten entweder aus dem eigenen Garten nehmen oder in Bio-Qualität kaufen. Die gelben Kapuzinerblüten schmecken würzig und leicht scharf, die weißen Gänseblümchen leicht nussig.

Von der Hand in den Mund
To go

Asia-Frühlingsröllchen

MIT MANGO

Sobald man einen Spiralschneider mit Kurbel angeschafft hat, sollte er auch für viele Gerichte verwendet werden. Zu diesen veganen Röllchen passen Möhrenspiralen.

Zutaten für 2 Vorspeisen

Zubereitungszeit:
20 Minuten

2 große Möhren
1 kleine saftige Mango
1 kleines Bund Koriandergrün (wahlweise Petersilie)
8 kleine Blätter Reispapier
½ EL Ahornsirup
1 EL Sherryessig
½ EL helle Sojasauce
schwarzer Pfeffer aus der Mühle

1. Die Möhren waschen, schälen und in passende Stücke für den Spiralschneider ohne oder mit Kurbel schneiden. Die Möhrenstücke einspannen und zu Spiralen oder Spaghetti drehen. Die Mango schälen, dann das Fruchtfleisch vom Kern abschneiden und sehr klein würfeln. Das Koriandergrün waschen und trocken schütteln, die Blätter abzupfen und fein hacken.

2. Die Reispapierblätter auf einer Arbeitsfläche auslegen und mit Wasser bestreichen, damit sie sich formen lassen. Ahornsirup mit Sherryessig, Sojasauce und Koriandergrün verrühren und mit Pfeffer würzen. Zusammen mit Möhrenspiralen sowie den Mangowürfeln locker vermengen.

3. Diese Mischung portionsweise auf den Reispapierblättern verteilen. Die Seiten einschlagen und aufrollen, damit nichts herausfallen kann.

Tipp
Die Frühlingsröllchen zusätzlich auf Möhrenspiralen servieren und Sojasauce oder Sweet-Chili-Sauce zum Dippen dazureichen.

Erfrischend
schmeckt der
Sommer

Roher Spargelsalat

MIT ERDBEEREN

Die Spargelstangen sollten nicht zu dünn sein, damit sie besser in Streifen geschnitten werden können. Zum Spargelschälen wird ein Sparschäler verwendet.

Zutaten für 2 Portionen

Zubereitungszeit:
30 Minuten

2 Eier
½ kleines Bund Schnittlauch
1 TL Dijon-Senf (oder mittelscharfer Senf)
50 ml Weizenkeimöl
50 ml kalte Gemüsebrühe (oder Weißwein)
Saft von ½ Zitrone
Salz
weißer Pfeffer
Worcestershiresoße
500 g weißer und grüner Spargel
100 g süße Erdbeeren (nach Belieben)

1. Die Eier in kochendem Wasser etwa 8 Minuten kochen. Inzwischen den Schnittlauch waschen, trocken schütteln und in feine Röllchen schneiden. Die Eier mit kaltem Wasser abschrecken, pellen und halbieren.

2. Die Eigelbe herauslösen und mit dem Senf cremig verrühren. Das Weizenkeimöl mit den Quirlen des Handrührgeräts langsam dazugießen, sodass eine cremige Konsistenz entsteht. Die Gemüsebrühe nach und nach einrühren. Das Dressing mit Zitronensaft, Salz, Pfeffer und mit Worcestershiresoße würzen.

3. Die Spargelstangen waschen und schälen. Von den rohen Spargelstangen mit dem Sparschäler lange Streifen abziehen. Die Spargelstreifen in einer Schüssel mit dem Dressing und dem Schnittlauch locker vermengen. Den Salat auf zwei Teller verteilen und nach Belieben mit Erdbeeren garnieren.

Variante
Nach Belieben die Spargelstreifen mit einer fruchtigen Vinaigrette aus Olivenöl und Apfelessig zubereiten.

Tipp
Werden die frisch geschnittenen Spargelstreifen für einige Minuten in kaltes Wasser gelegt, rollen sie sich auf. Optisch sieht das auch sehr gut aus.

Mit leichtem
orientalischen
Touch

Marinierter Zucchini-Salat

MIT ORANGEN-ROSINEN

Dazu eine große, tiefe Pfanne oder einen Wok verwenden. Das würzig marinierte Gemüse schmeckt heiß, lauwarm und auch kalt.

Zutaten für 2 Portionen

Zubereitungszeit:
20 Minuten

2 Zucchini (ca. 600 g)
1 rote Zwiebel
2 EL Rosinen
2 EL Orangensaft
4 EL Olivenöl
1 EL Weißweinessig
1 EL Zucker
½ TL zerstoßene Koriandersamen
½ TL getrockneter Dill
Zimtpulver
Salz
schwarzer Pfeffer aus der Mühle
2 EL gehackte Pinienkerne oder Nüsse (nach Belieben)

1. Die Zucchini waschen, von den Enden befreien und mit dem Spiralschneider ohne oder mit Kurbel zu Spaghetti oder Girlanden schneiden. Die Zwiebel schälen und, falls der Spiralschneider mit Kurbel zur Hand ist, in diesem die Zwiebel zu Spaghetti schneiden. Oder mit dem Messer in Streifen schneiden.

2. Die Rosinen mit dem Orangensaft vermengen. Das Olivenöl in einer großen Pfanne mit hohem Rand erhitzen, die Zucchini- und Zwiebelspaghetti oder -streifen darin unter Schwenken 8–10 Minuten andünsten.

3. Den Pfanneninhalt mit Weißweinessig beträufeln, mit Zucker bestreuen und mit Koriandersamen, Dill, 1 kräftigen Prise Zimtpulver, Salz und Pfeffer würzen. Alles einige Minuten weitergaren und dabei die Orangen-Rosinen untermischen. Das Gemüse wie Spaghetti auf zwei Tellern anrichten und nach Belieben mit Pinienkernen oder Nüssen bestreuen.

Variante

Die Zucchinispaghetti in kochendem Salzwasser einige Minuten garen. Dann in ein Sieb gießen und die Spaghetti abtropfen lassen. In einer Schüssel mit den Zwiebelstreifen sowie den Gewürzen vermengen und auf Tellern anrichten.

Tipp

Den Zucchinisalat saisonal mit Aprikosen- oder Pfirsichstreifen garnieren.

Sommerlich
erfrischend
und leicht

Kalte Gurkensuppe

MIT RÄUCHERLACHS

Wer es ein bisschen cremiger mag, kann die Menge der Gemüsebrühe reduzieren und dafür etwas Joghurt mitmixen.

Zutaten für 2 Portionen

Zubereitungszeit:
30 Minuten

2 kleine Salatgurken
50 g Sesamsamen
½ kleines Bund Dill
1 Frühlingszwiebel
2 Knoblauchzehen
2 EL Reisweinessig
1 EL Zucker
1 EL helle Sojasauce
500 ml kalte Gemüsebrühe
Salz
50 g Räucherlachs

1. Die Salatgurken waschen, schälen und eine davon im Spiralschneider ohne oder mit Kurbel zu Spaghetti schneiden. Die zweite Gurke längs halbieren, entkernen und klein schneiden. Die Sesamsamen in einer beschichteten Pfanne ohne Fett 1–2 Minuten anrösten, bis sie duften. Dann abkühlen lassen.

2. Den Dill waschen und trocken schütteln, die Blättchen abzupfen und fein hacken. Die Frühlingszwiebel putzen, waschen und in feine Ringe schneiden. Den Knoblauch schälen und durch eine Knoblauchpresse drücken.

3. Den Knoblauch mit Reisweinessig, Zucker und Sojasauce verrühren und mit den klein geschnittenen Gurken, der Hälfte von dem Dill sowie der Gemüsebrühe in einem Standmixer pürieren und aufmixen. Die Suppe mit Salz abschmecken.

4. Den Räucherlachs in feine Streifen schneiden. Die Gurkenspaghetti in zwei tiefe Teller geben, mit Frühlingszwiebelringen und Lachsstreifen belegen. Zum Servieren oder am Tisch die Gurkensuppe mit einem Kännchen seitlich dazugießen und mit dem restlichen Dill und den Sesamsamen bestreuen.

Das schmeckt dazu

Bruschetta mit fruchtigen Tomatenstückchen.

Scharf
und süß
zugleich

Kichererbsenmus

MIT KARAMELLISIERTEN COODLES

Ein feines Vorspeisenrezept für vier oder eine Hauptspeise für zwei, am besten serviert mit ofenfrischem Pita-Brot und gemischten Oliven.

Zutaten für 2 Portionen

Zubereitungszeit:
30 Minuten

250 g Kichererbsen (aus der Dose)
2 Knoblauchzehen
½ kleines Bund Petersilie
Saft von ½ Zitrone
4 EL Olivenöl
Salz
schwarzer Pfeffer aus der Mühle
Cayennepfeffer
Chilipulver
250 g Möhren
1 EL Butter
3 TL Zucker
4–5 EL Sahne

1. Die Kichererbsen abtropfen lassen. Den Knoblauch schälen und klein schneiden. Die Petersilie waschen und trocken schütteln, die Blättchen abzupfen und fein hacken. Die Kichererbsen mit dem Knoblauch, Zitronensaft und Olivenöl in der Küchenmaschine oder mit einem Stabmixer fein pürieren.

2. Das Kichererbsenmus kräftig mit Salz, Pfeffer, Cayennepfeffer und Chilipulver würzen. Dann die Petersilie unterrühren und das Kichererbsenmus nach Belieben mit Salz und Pfeffer abschmecken.

3. Die Möhren waschen, schälen und mit dem Spiralschneider ohne oder mit Kurbel zu Spaghetti schneiden. Die Butter in einer Pfanne schäumend erhitzen und den Zucker darin auflösen. Die „Möhren-Coodles" dazugeben und von allen Seiten einige Minuten mitbraten. Die Coodles mit Sahne beträufeln und anschließend 1–2 Minuten weitergaren.

4. Das Kichererbsenmus breitflächig auf zwei Teller verteilen und in die Mitte die karamellisierten Möhrenspaghetti geben.

Das schmeckt dazu

1 Esslöffel Sesampaste (Tahin) macht das Mus noch nussiger.

Vegetarisches zum Kombi-
nieren

Rohkostsalat mit Rettich

UND SCHNITTLAUCHBROT

Diese Rohkost eignet sich als Vorspeise oder Hauptspeise, zu der noch etwas Leckeres passt. Entweder vegetarisch mit Pellkartoffeln und Quark oder mit Leberkäse und Bratkartoffeln.

Zutaten für 2 Portionen

Zubereitungszeit:
25 Minuten

2 Eier
1 kleiner Rettich (ca. 300 g)
1 kleine Salatgurke
Salz
1 gelbe Paprikaschote
1 kleines Kopfsalatherz
½ kleines Bund Schnittlauch
2 Scheiben Bauernbrot
1 TL Butter
1 kleine Zwiebel
1 Msp. mittelscharfer Senf
2 EL Pflanzenöl
1 EL Weißweinessig
schwarzer Pfeffer aus der Mühle

1. Die Eier in etwa 10 Minuten hart kochen. Inzwischen den Rettich und die Gurke waschen und schälen. Im Spiralschneider mit Kurbel zu Spiralen oder nach Belieben zu Spaghetti schneiden. Dann mit Salz bestreuen und mindestens 5 Minuten ziehen lassen.

2. Die Eier mit kaltem Wasser abschrecken, pellen und grob hacken. Die Paprikaschote waschen, putzen, entkernen und im Spiralschneider mit Kurbel zu Spiralen schneiden. Das Salatherz in Blätter teilen, waschen und abtropfen lassen.

3. Den Schnittlauch waschen, trocken schütteln und in feine Röllchen schneiden. Die Brotscheiben mit Butter bestreichen und mit etwas Schnittlauch bestreuen, dann jeweils in 4 Stücke schneiden.

4. Die Zwiebel schälen, halbieren und fein würfeln. Mit gehackten Eiern, Senf und restlichem Schnittlauch vermengen. Mit Pflanzenöl und Weißweinessig verrühren und mit Salz und Pfeffer würzen.

5. Die Salatblätter auf zwei Tellern auslegen, salzen und pfeffern. Rettich und Gurke etwas ausdrücken und mit den Paprikaspiralen sowie dem Dressing locker vermengen. Auf den Salatblättern anrichten. Mit Schnittlauchbroten servieren.

Variante mit Joghurt-Dressing

Der Salat lässt sich mit Radieschen, Kresse und Sojabohnenkeimlingen variieren. Zum Abmildern der Schärfe passt ein Dressing aus 150 g Joghurt, Zitronensaft, gehackter Petersilie, Salz und Pfeffer dazu.

Variante mit Asia-Dressing

50 g geröstete Sesamsamen mit je 2 Esslöffeln Pflanzenöl, Reiswein, heller Sojasauce und Reisweinessig, je 1 Teelöffel Zucker und Sesamöl verrühren. Mit Rettich-, Gurken- und Paprikaspiralen vermengen.
Zum Servieren Kopfsalat in Streifen in hübsche Gläser geben und mit den Spiralen auffüllen. Mit etwas Chilipulver bestäuben.

Würzig und süßlich

Pastinakensuppe

MIT SCHARFEM CURRY

Das Wurzelgemüse Pastinake mit seinem cremig-weißen Fruchtfleisch punktet mit einer hohen Nährstoffdichte.

Zutaten für 2 Portionen

Zubereitungszeit:
30 Minuten

1 Schalotte
2 Knoblauchzehen
300 g Pastinaken
100 g mehligkochende Kartoffeln
1 EL Pflanzenöl
Salz
schwarzer Pfeffer aus der Mühle
¼ TL scharfes Currypulver
Kreuzkümmel (nach Belieben)
1 Schuss trockener Weißwein (oder Gemüsebrühe)
500 ml Gemüsebrühe
1 EL Olivenöl
2 EL Crème fraîche
1 EL gehackter Kerbel (oder Petersilie)

1. Schalotte und Knoblauch schälen und beides fein würfeln. Die Pastinaken und Kartoffeln waschen und schälen. Etwa ein Drittel der Pastinaken mit dem Spiralschneider ohne oder mit Kurbel zu Spiralen schneiden. Die restlichen Pastinaken und Kartoffeln in kleine Stücke schneiden.

2. Das Pflanzenöl in einem Topf erhitzen, Schalotte und Knoblauch darin glasig dünsten. Pastinaken und Kartoffeln hinzufügen, kurz mitbraten und mit Salz, Pfeffer, Currypulver und nach Belieben mit 1 kräftigen Prise Kreuzkümmel würzen.

3. Den Topfinhalt mit Weißwein ablöschen und mit Gemüsebrühe aufgießen. Alles aufkochen und das Gemüse bei niedriger Hitze etwa 15 Minuten garen.

4. Inzwischen das Olivenöl in einer Pfanne erhitzen, die Pastinakenspiralen darin auf allen Seiten 2–3 Minuten braten. Die Gemüsesuppe mit einem Stabmixer cremig pürieren und mit Salz und Pfeffer abschmecken. Die Pastinakenspiralen in Suppenteller verteilen und die Pastinakensuppe daraufgeben. Mit je 1 Klecks Crème fraîche und gehacktem Kerbel garnieren.

Variante

Ein Mix aus je einem Drittel Pastinaken, Möhren und Kartoffeln schmeckt auch sehr gut. Denn Pastinaken schmecken erdig und leicht süßlich wie die Möhren.

Tipp

Die Suppe zum Servieren noch rohköstlich garnieren. Dafür je 100 g Äpfel und Pastinaken roh zu Spiralen oder Spaghetti schneiden und einfach direkt über die heiße Suppe streuen.

Orientalischer Pastinakensalat

Dafür 500 g Pastinaken schälen, dann zu Spiralen oder Spaghetti schneiden. 4–5 Datteln ohne Stein klein schneiden, mit dem Saft von ½ Zitrone, 1 Prise braunem Zucker und 100 g Joghurt (3,5 % Fett) vermischen. Die Spiralen mit Dattel-Joghurt vermengen, anrichten und mit gehackter Petersilie bestreuen.

Roh oder gegart
Mit Minze

Zucchini mit Garnelen

UND AVOCADO

Die Zoodles können roh mit den Aromaten mariniert oder wie im Rezept beschrieben in Olivenöl gebraten und lauwarm serviert werden.

Zutaten für 2 Portionen

Zubereitungszeit:
25 Minuten

½ kleines Bund Minze
1 Knoblauchzehe
500 g Zucchini
1 EL Olivenöl
Salz
schwarzer Pfeffer aus der Mühle
Paprikaflocken (Pul Biber; nach Belieben)
150 g geschälte Cocktailgarnelen
Saft von 1 Zitrone
2 aromatische Tomaten
1 Avocado
1 EL Pinienkerne, geröstet (nach Belieben)

1. Die Minze waschen und trocken schütteln, die Blättchen abzupfen und in Streifen schneiden. Den Knoblauch schälen und fein würfeln. Die Zucchini waschen, von den Enden befreien und im Spiralschneider ohne oder mit Kurbel zu Spiralen oder Spaghetti schneiden.

2. Das Olivenöl in einer Pfanne erhitzen und die Knoblauchwürfel darin kurz andünsten. Die Zucchinispiralen hinzufügen und je nach gewünschtem Garzustand 4–6 Minuten dünsten. Die Zucchini mit Salz, Pfeffer und nach Belieben mit Paprikaflocken würzen.

3. Inzwischen die Cocktailgarnelen mit dem Saft von ½ Zitrone beträufeln. Die Tomaten waschen, vom Stielansatz befreien, fein würfeln und in einem Sieb über dem Spülbecken kräftig schütteln, damit ein Großteil der Kerne abfließen kann.

4. Die Avocado schälen, halbieren und den Stein entfernen. Die Avocadohälften in kleine Würfel schneiden. Die Avocadowürfel mit dem restlichen Zitronensaft, den Tomatenwürfeln und der Minze vermengen. Mit Salz und Pfeffer würzen.

5. Die Zucchini etwas abkühlen lassen, dann mit den vorbereiteten Zutaten locker vermengen. Auf zwei Teller verteilen und die Zoodles nach Belieben mit den gerösteten Pinienkernen garnieren.

Gut zum
Mitnehmen

Süßsaure Gurkenspaghetti

MIT HÄHNCHEN

Das erfrischende Gericht kann noch mehr geschärft werden. Dafür einfach zusätzlich frisch gehackte Chilischote oder eine scharfe Chilisauce verwenden.

Zutaten für 2 Portionen

Zubereitungszeit:
30 Minuten

Salz
200 g Hähnchenbrust ohne Knochen
2 Knoblauchzehen
3 EL Apfelessig
1 EL Sesamöl
1 TL Ahornsirup
3 EL Chilisauce süßsauer
50 g Ananasstücke mit Saft (aus dem Glas)
400 g Salatgurke
1 Frühlingszwiebel zum Garnieren

1. Wasser in einem Topf aufkochen und salzen. Inzwischen die Hähnchenbrust unter fließendem kaltem Wasser waschen. Das Fleisch in dem kochenden Salzwasser bei niedriger Hitze in etwa 20 Minuten garen.

2. Inzwischen den Knoblauch schälen und auf einer Knoblauchreibe fein reiben. Mit Apfelessig, Sesamöl, Ahornsirup und süßsaurer Chilisauce verrühren. Die Ananasstücke klein schneiden und mit Ananassaft unter das Dressing mischen.

3. Die Gurke waschen, schälen und im Spiralschneider ohne oder mit Kurbel zu Spaghetti schneiden. Das Hähnchenfleisch aus dem Topf nehmen und kurz abkühlen lassen. Nach Belieben mit einer Gabel in Fasern zupfen oder in sehr dünne Streifen schneiden.

4. Die Gurkenspaghetti mit den Hähnchenstreifen und dem Salatdressing locker vermengen. Dann auf zwei Teller verteilen. Zum Garnieren die Frühlingszwiebel putzen, waschen und in feine Ringe schneiden und anschließend über die Gurkenspaghetti streuen.

Würzig-
erfrischend
Vegan

Grüner-Papaya-Salat

MIT ERDNÜSSEN

Für diesen Salat wird die Papaya geschält und mit einem Julienne- oder Sparschäler in feine Streifen geschnitten.

Zutaten für 2 Portionen

Zubereitungszeit:
30 Minuten

½ kleines Bund Koriandergrün
1 grüne Papaya (ca. 400 g)
2 Möhren
Salz
Zucker
50 g ungesalzene Erdnusskerne
3 EL Tamari (kräftige Sojasauce)
2 EL Reisessig
½ EL Sambal Oelek

1. Das Koriandergrün waschen und trocken schütteln, die Blätter abzupfen und fein hacken. Die Papaya sowie die Möhren waschen und schälen. Mit einem Julienneschäler von Papaya und Möhren feine Streifen abziehen. (Oder die Möhren mit dem Spiralschneider zu Spaghetti schneiden.) Die Papaya- und Möhrenstreifen zusammen in einer Schüssel mit je 1 Prise Salz und Zucker vermengen und etwa 10 Minuten ruhen lassen.

2. Die Erdnüsse fein hacken. Für das Dressing ½ Esslöffel Zucker mit Sojasauce, Reisessig und Sambal Oelek verrühren. Die Gemüsestreifen in ein Sieb geben, mit kaltem Wasser abspülen und gründlich abtropfen lassen.

3. Die Gemüsestreifen mit Dressing, Koriandergrün und Erdnüssen locker vermengen. Den Papayasalat auf zwei Teller oder in Portionsschalen verteilen.

Das schmeckt dazu

Zu diesem asiatischen Salat passen gebratene Tofuwürfel.

Wissenswertes

Grüne Papayas sind unreife Früchte mit hellgrünem Fruchtfleisch. Im Inneren der Frucht befinden sich Kerne, die man entfernen muss. Erhältlich sind die etwa 20 cm großen Früchte mittlerweile in allen Asia-Shops.

Vegetarisches
zum
Genießen

Apfel-Kohlrabi-Salat

MIT PETERSILIEN-WALNUSS-PESTO

Das Walnuss-Pesto kann auch mit etwas Walnussöl oder einem Schuss Kürbiskernöl nach Belieben variiert werden.

Zutaten für 2 Portionen

Zubereitungszeit:
25 Minuten

50 g Walnusskerne
1 kleines Bund Petersilie
2 EL geriebener Parmesan
4 EL Olivenöl
Salz
schwarzer Pfeffer aus der Mühle
1 kleines Bund Rucola
1 großer Kohlrabi
1 großer Apfel
1 EL Sherryessig

1. Die Walnusskerne sehr fein hacken. Die Petersilie waschen und trocken schütteln, die Blätter abzupfen und hacken. Die Walnusskerne und Petersilie mit Parmesan und 3 Esslöffel Olivenöl verrühren. Mit Salz und Pfeffer würzen.

2. Den Rucola putzen, verlesen, quer halbieren, waschen und gründlich abtropfen lassen. Den Kohlrabi und den Apfel schälen und im Spiralschneider mit Kurbel zu Spaghetti oder Spiralen schneiden. Beides in einer Schüssel mit dem Pesto locker vermengen und mit Salz und Pfeffer abschmecken.

3. Den Rucola mit je 1 Esslöffel Olivenöl und Sherryessig anmachen und mit Salz und Pfeffer würzen. Den Salat breitflächig auf zwei Teller verteilen und den Apfel-Kohlrabi-Salat in der Mitte darauf anrichten.

Tipp

Den Salat mit frischem Olivenbrot servieren.

Mit Orangen-
dressing
Vegan

Glasnudelsalat mit Gemüse

UND CASHEWKERNEN

Das Gemüse kann ganz leicht im Spiralschneider mit Kurbel nach Belieben zu Spaghetti, Girlanden oder zu Endlosspiralen geschnitten werden.

Zutaten für 2 Portionen

Zubereitungszeit:
35 Minuten

½ kleines Bund Thai-Basilikum (Asia-Laden)
1 Frühlingszwiebel
Saft von ½ Zitrone
Saft und fein abgeriebene Schale einer ½ unbehandelten Orange
2 EL geröstetes dunkles Sesamöl
3 EL Reiswein (Mirin)
schwarzer Pfeffer aus der Mühle
Salz
100 g Glasnudeln
1 Zwiebel
1 rote Paprikaschote
1 Möhre
1 kleine Zucchini
2 EL ungesalzene Cashewkerne

1. Das Thai-Basilikum waschen und trocken schütteln, die Blättchen abzupfen und fein hacken. Die Frühlingszwiebel putzen, waschen und fein würfeln. Zusammen mit dem gehackten Thai-Basilikum, Zitronensaft, Orangensaft und Orangenschale, Sesamöl und Reiswein verrühren. Mit Pfeffer würzen und nach Bedarf etwas salzen.

2. Die Glasnudeln in einer Schüssel mit kochend heißem Wasser vollständig übergießen und einige Minuten ziehen lassen. Anschließend in ein Sieb abgießen, mit kaltem Wasser abspülen und abtropfen lassen.

3. Die Zwiebel schälen. Das Gemüse putzen, waschen und die Möhre schälen. Zwiebel, Paprikaschote, Möhre und Zucchini im Spiralschneider mit Kurbel zu Spaghetti und/oder Endlosspiralen schneiden. In einer großen Schüssel alle vorbereiteten Zutaten locker vermengen und mit Salz und Pfeffer abschmecken. Die Cashewkerne klein hacken und untermengen. Den Salat auf zwei großen Tellern oder in asiatischen Schalen anrichten.

Feine Unterschiede

Helles Sesamöl wird zum Erhitzen verwendet. Dunkles Sesamöl, in Asien auch „Vollendungsöl" genannt, wird zum Würzen und „Vollenden" verwendet. Es eignet sich nicht zum Erhitzen.

Gut zum
Mitnehmen

Orientalischer Brotsalat

MIT GURKE UND TOMATEN

In vielen Ländern gibt es Salate, die mit gerösteten Brotwürfeln zubereitet werden – ursprünglich eine Resteverwertung und heute eine willkommene Abwechslung.

Zutaten für 2 Portionen

Zubereitungszeit:
30 Minuten

250 g Pita-Brot (1–2 Tage alt)
7 EL Olivenöl
2 Frühlingszwiebeln
2 aromatische Tomaten
1 große Salatgurke
1 grüne Paprikaschote
½ kleines Bund Petersilie
½ kleines Bund Koriandergrün
1 Knoblauchzehe
Saft von 1 Zitrone
Salz
schwarzer Pfeffer aus der Mühle
gemahlener Kreuzkümmel
100 g Schafskäse
1 EL Minze, gehackt (nach Belieben)

1. Das Pita-Brot in gleich große mundgerechte Stücke schneiden. 2 Esslöffel Olivenöl in einer beschichteten Pfanne erhitzen, die Brotstücke darin von allen Seiten 2–3 Minuten rösten. Die Pfanne beiseitestellen und die Brotstücke in der Pfanne abkühlen lassen.

2. Die Frühlingszwiebeln putzen, waschen und fein hacken. Die Tomaten waschen, vierteln, entkernen und klein würfeln. Die Salatgurke schälen. Die Paprikaschote putzen und waschen.

3. Die Gurke im Spiralschneider mit Kurbel zu Spaghetti und die Paprikaschote zu Endlosspiralen schneiden. Die Kräuter waschen und trocken schütteln, die Blättchen abzupfen und fein hacken. Den Knoblauch schälen und fein würfeln.

4. Alle vorbereiteten Zutaten in einer Schüssel mit dem restlichen Olivenöl und Zitronensaft vermengen. Mit Salz, Pfeffer und 1 Prise Kreuzkümmel würzen. Zuletzt die Brotstücke untermischen und den Salat auf zwei Teller verteilen. Den Schafskäse zerbröckeln oder klein schneiden und dann darüberstreuen. Nach Belieben mit Minze garnieren.

Variante

Das Gemüse gegen Zucchini und rote sowie gelbe Paprikaschoten austauschen oder zusätzlich dazugeben.

Das passt dazu

Längliche milde Paprikaschoten rundherum mit einem Messer einstechen und in heißem Olivenöl von allen Seiten anbraten. Eventuell die Pfanne mit einem Deckel abdecken und die Paprikaschoten 5–7 Minuten braten. Mit Meersalz aus der Mühle würzen und die Paprika rund um den Brotsalat anrichten.

Vegetarischer
Klassiker
ganz neu

Waldorfsalat mit Nüssen

AUF BIRNENGIRLANDEN

Der faserige und harte Knollensellerie lässt sich nur mit dem Messer schneiden, Möhre, Äpfel und Birne im Spiralschneider mit Kurbel.

Zutaten für 2 Portionen

Zubereitungszeit:
30 Minuten

½ kleiner Knollensellerie
1 große Möhre
2 säuerliche Äpfel (z. B. Boskop)
Saft von ½ Zitrone
2 EL Walnusskerne
100 g Joghurt
50 g Mayonnaise
½ TL Dijon-Senf
Salz
schwarzer Pfeffer aus der Mühle
Cayennepfeffer
1 Birne (z. B. Forelle oder Abate)
1 Saftorange

1. Den Sellerie waschen, schälen und zuerst in dünne Scheiben und diese dann quer in feine Streifen schneiden. Die Möhre putzen und schälen. Die Äpfel waschen und schälen. Anschließend beides im Spiralschneider mit Kurbel zu Spaghetti und Girlanden schneiden.

2. Ein paar Walnusskerne zurückbehalten und die restlichen fein hacken. Den Joghurt mit Mayonnaise und Senf verrühren und mit den gehackten Walnusskernen sowie dem Gemüse vorsichtig vermengen. Den Salat mit Salz, Pfeffer und 1 Prise Cayennepfeffer würzen.

3. Die Birne waschen, schälen und im Spiralschneider mit Kurbel zu Girlanden schneiden. Die Girlanden auf zwei Teller verteilen. Die Saftorange so schälen, dass auch die weiße Haut mit entfernt wird. Das Fruchtfleisch mit einem scharfen Messer aus den Trennhäuten schneiden. Das übrige Fruchtfleisch über den Birnengirlanden ausdrücken. Anschließend den Waldorfsalat auf den Birnengirlanden anrichten und mit den Orangenfilets garnieren.

Tipp
Dazu schmeckt saftiges Vollkornbrot oder ofenfrisches Weißbrot.

Schmeckt eiskalt serviert am besten

Kaltes Buttermilchsüppchen

MIT RADIESCHEN

Eine kalte pürierte Suppe mit Buttermilch und frischen, knackigen Radieschen. So schmeckt der Sommer.

Zutaten für 2 Portionen

Zubereitungszeit:
20 Minuten

1 kleines Bund Radieschen
150 g Buttermilch
Salz
schwarzer Pfeffer aus der Mühle
Zucker

Außerdem
2-4 lange Holzspieße

1. Die Radieschen putzen und waschen. Nach Belieben einige Radieschenblätter zum Garnieren hacken und beiseitelegen. Etwa 100 g Radieschen klein schneiden und mit etwa 50 ml kaltem Wasser mit einem Stabmixer pürieren. Das Radieschenpüree anschließend mit Buttermilch verrühren und mit Salz, Pfeffer und 1 Prise Zucker würzen.

2. Die restlichen Radieschen im Spiralschneider mit Kurbel zu Girlanden schneiden. Diese auf lange Holzspieße stecken.

3. Die Radieschensuppe in zwei hohe Gläser mit je 1 Eiswürfel füllen. Dann die Radieschenspieße darin eintauchen. Nach Belieben mit den gehackten Radieschenblättern garnieren.

Das schmeckt dazu

Pro Glas 1 Grissini mit 1 hauchdünnen Scheibe luftgetrocknetem Schinken umwickeln.

Schnell und einfach
Low Carb

Gemüsebrühe mit Fischfilet

UND GEMÜSE

Sie könnte noch viel bunter werden. Rote oder grüne Paprikaschote, Kohlrabi, Zucchini und Salatgurken – je nach Vorrat im Kühlschrank mitverwenden.

Zutaten für 2 Portionen

Zubereitungszeit:
30 Minuten

250 g gehäutetes Fischfilet (Seeteufel oder Lachs)
Saft von ½ Zitrone
Salz
schwarzer Pfeffer aus der Mühle
½ Stange Staudensellerie
2 Möhren
1 gelbe Paprikaschote
750 ml Gemüsebrühe
einige Safranfäden
1 Kästchen Gartenkresse

1. Das Fischfilet waschen, trocken tupfen und in Streifen schneiden. Mit Zitronensaft beträufeln und mit Salz und Pfeffer würzen. Den Staudensellerie putzen, waschen und schräg in dünne Scheiben schneiden. Die Möhren waschen und schälen. Die Paprikaschote putzen und waschen. Paprikaschote und Möhren im Spiralschneider mit Kurbel zu Juliennestreifen schneiden.

2. Die Gemüsebrühe in einem Topf aufkochen. Gemüsestreifen, Selleriescheiben, Safranfäden und Fischfiletstreifen in die Brühe geben. Alles bei mittlerer Hitze etwa 8 Minuten ziehen lassen. Die Brühe mit Salz und Pfeffer abschmecken.

3. Die Kresse vom Beet schneiden, waschen und auf Küchenpapier trocken tupfen. Dann die Gemüsebrühe in großen Portionsschalen anrichten und mit der Gartenkresse garnieren.

Das schmeckt dazu

Röstfrisches Weißbrot aus dem Backofen. Dazu einfach Weißbrotscheiben mit Olivenöl beträufeln und unter dem Backofengrill kurz rösten.

Variante

Anstatt Kresse eine schnelle italienische Gewürzmischung, eine Gremolata, herstellen. Dafür die fein abgeriebene Schale von 1 unbehandelten Zitrone mit 2–3 gehackten Knoblauchzehen und 1 Bund gehackter Petersilie vermischen. Die Brühe damit bestreut servieren.

Klassiker
mit würzigem
Aroma

Zwiebelsuppe

MIT GERÖSTETEM KÄSEBROT

Diese Suppe kann mit gebratenen Speckwürfeln, Fleischbrühe und Butter anstatt Pflanzenöl variiert werden, wenn es mal nicht vegetarisch sein soll.

Zutaten für 2 Portionen

Zubereitungszeit:
35 Minuten

3 Zwiebeln (ca. 300 g)
2 Knoblauchzehen
1 Zweig Thymian (oder Petersilie)
2 EL Pflanzenöl
100 ml trockener Weißwein (oder Gemüsebrühe)
750 ml Gemüsebrühe
Salz
schwarzer Pfeffer aus der Mühle
gemahlener Kümmel (nach Belieben)
Cayennepfeffer (nach Belieben)
4 kleine Scheiben Weißbrot
50 g geraspelter Käse (z. B. Emmentaler, Gouda oder nach Wahl)

1. Die Zwiebeln schälen und im Spiralschneider mit Kurbel zu Spiralen schneiden. Den Knoblauch schälen und fein würfeln. Den Thymian waschen und trocken schütteln, die Blättchen abzupfen und fein hacken.

2. Das Pflanzenöl in einem Topf erhitzen, Zwiebeln und Knoblauch darin einige Minuten glasig dünsten. Anschließend mit Weißwein ablöschen und die Gemüsebrühe dazugießen. Alles aufkochen, dann die Suppe bei niedriger Hitze etwa 20 Minuten köcheln lassen.

3. Die Zwiebelsuppe mit Salz, Pfeffer und nach Belieben mit je 1 Prise Kümmel und Cayennepfeffer würzen. Den Backofen auf Grillstufe vorheizen und ein Backblech mit Backpapier auslegen. Die Weißbrotscheiben darauflegen und im Backofen (obere Schiene) oder Toaster rösten.

4. Die gerösteten Brotscheiben mit Käse bestreuen und unter dem Backofengrill überbacken, bis der Käse geschmolzen ist. Die Zwiebelsuppe mit Salz, Pfeffer und Thymian abschmecken. Die Suppe in großen Suppenschalen mit den Brotscheiben obendrauf servieren.

Variante

Die Suppe schmeckt auch sehr gut, wenn mit den Zwiebeln Möhrenspiralen mitgekocht werden.

Würzvariante

Thymian und Kümmel weglassen und die Zwiebelsuppe mit etwas frisch gehacktem Dill sowie frisch geriebener Muskatnuss würzen.

Schmeckt nach mehr

Kokos-Gemüse-Suppe

MIT HÄHNCHEN

Mit dem Spiralschneider sind die Gemüse fix in feinste Streifen geschnitten. Sehr gut schmeckt die Suppe auch mit Salatgurken, Möhren und Kohlrabi.

Zutaten für 2 große Portionen

Zubereitungszeit:
25 Minuten

500 g Gemüse (z. B. Möhre, Pastinake, Zucchini)
750 ml Gemüsebrühe
1 Knoblauchzehe
1 Schalotte
½ kleine rote Chilischote
1 Stängel Zitronengras
2 Kaffir-Limettenblätter
etwas abgeriebene Schale von 1 unbehandelten Limette
200 ml Kokosmilch (aus der Dose)
Salz
schwarzer Pfeffer aus der Mühle
150 g Hähnchenschnitzel

1. Das Gemüse waschen. Möhren und Pastinaken schälen und im Spiralschneider mit oder ohne Kurbel zu Spaghetti schneiden. Die Gemüsebrühe in einem Topf erhitzen, das Gemüse darin 2-3 Minuten garen. Die Gemüsespaghetti mit einem Schaumlöffel herausnehmen und in einem Sieb abtropfen lassen.

2. Knoblauch und Schalotte schälen und in feine Streifen schneiden. Die Chilischote putzen, entkernen und waschen. Zitronengras und Limettenblätter waschen. Die Limette waschen, abtrocknen und die Schale fein abreiben. Mit Knoblauch, Schalotte, Chili, Zitronengras und Limettenblättern in die leicht köchelnde Gemüsebrühe geben. Die Kokosmilch dazugießen und weiterköcheln lassen. Mit Salz und Pfeffer würzen.

3. Die Hähnchenschnitzel in kleine Würfel oder Streifen schneiden und in die Suppe geben. Den Topfinhalt 5–7 Minuten ziehen lassen. Zum Servieren die Gemüsespaghetti mit einer Gabel portionsweise aufdrehen und in Suppenschalen verteilen. Die Suppe daraufgeben.

Variante

Nach Belieben 2 Esslöffel Pflanzenöl in einem Topf erhitzen, die Gemüsespaghetti mit Knoblauch- und Schalottenstreifen darin kurz andünsten. Mit der Gemüsebrühe und Kokosmilch aufgießen, Hähnchenwürfel und Aromaten wie Zitronengras, Chili und Kaffir-Limettenblätter und Limettenschale hinzufügen und die Suppe fertig garen.

Gemüse

saisonal
und bunt

Mit
Asia-Touch
Roh oder
gegrillt?

Gegrillte Gemüsegirlanden

MIT ERDNUSS-DIP

Anstatt Zucchini eignen sich auch Möhren, Kohlrabi oder Süßkartoffeln. Oder eine Mischung aus allen drei Gemüsesorten.

Zutaten für 2 Portionen

Zubereitungszeit:
30 Minuten

2 Zucchini (ca. 800 g)
1 EL Olivenöl
Salz
schwarzer Pfeffer aus der Mühle
Cayennepfeffer

Für den Dip
1 kleine Zwiebel
1 Knoblauchzehe
1 TL Pflanzenöl
3 EL Erdnussmus
1 TL Sambal Oelek
100 ml Kokosmilch (aus der Dose)
Salz
Pfeffer
1 EL Zitronenmelisse, gehackt (nach Belieben)

1. Den Backofen auf 200 °C mit Grillstufe vorheizen und ein Backblech mit Backpapier auslegen. Die Zucchini waschen, von den Enden befreien und im Spiralschneider mit Kurbel zu Girlanden schneiden.

2. Die Zucchinigirlanden auf das Backblech geben, mit Olivenöl bestreichen oder beträufeln und mit Salz, Pfeffer und nach Geschmack mit Cayennepfeffer würzen. Im Backofen (obere Schiene) 15–20 Minuten grillen.

3. Inzwischen für den Dip Zwiebel und Knoblauch schälen und fein würfeln. Das Pflanzenöl in einem kleinen Topf erhitzen, die Zwiebel- und Knoblauchwürfel darin etwa 1 Minute andünsten. Das Erdnussmus unterrühren und die Mischung mit Sambal Oelek würzen. Die Kokosmilch dazugießen und aufkochen, dann bei niedriger Hitze einige Minuten köcheln lassen. Mit Salz und Pfeffer würzen.

4. Jeweils etwas Erdnuss-Dip auf zwei Teller verteilen und die gegrillten Zucchinigirlanden darauf anrichten. Nach Belieben mit Zitronenmelisse garnieren. Den restlichen Dip in einem Schälchen dazu reichen.

Variante

Ganz roh schmeckt es auch. Dann rohe Zucchinigirlanden oder auch Gurkengirlanden mit dem lauwarmen Dip servieren.

Tipp

Wenn der Backofen schon mal heiß ist, Baguette zum Aufbacken in den Ofen geben und das Brot warm dazu reichen.

Vegetarisch
Für Gäste

Gebackener Zoodle-Kuchen

MIT KÄSE

Man nehme etwas Kreativität und ein bisschen Zeit – und schon wird man mit einem pikanten Mürbeteigkuchen, gefüllt mit Gemüse und Käse, belohnt.

Zutaten für 1 Springform mit 28 cm Ø

Zubereitungszeit:
45 Minuten
Backzeit:
40 Minuten

Für den Mürbeteig
300 g Weizenmehl (Type 405)
Salz
150 g kalte Butter
1 Ei (M)
Butter für die Form
Mehl für die Arbeitsfläche

Für die Füllung
250 g Möhren
250 g Zucchini
250 g Kohlrabi
2 EL Butter
Salz
schwarzer Pfeffer aus der Mühle
100 g geriebener Käse nach Wahl (z. B. Emmentaler oder Gouda)
2 Eier (M)
200 g Sahne
frisch geriebene Muskatnuss

1. Für den Teig das Mehl mit 1 Prise Salz in einer Schüssel mischen. Zusammen mit Butter in Stückchen, Ei und 5 Esslöffel kaltem Wasser rasch zu einem glatten Teig kneten. Den Teig zu einer Kugel formen, in Frischhaltefolie wickeln und 30 Minuten in den Kühlschrank legen.

2. Inzwischen das Gemüse waschen. Zucchini von den Enden befreien. Möhren und Kohlrabi schälen. Das Gemüse im Spiralschneider mit Kurbel zu Girlanden oder Spaghetti schneiden. Die Butter in einer Pfanne erhitzen, das Gemüse darin unter Rühren 4–5 Minuten dünsten. Eventuell 2–3 Esslöffel Wasser hinzufügen. Mit Salz und Pfeffer würzen. Die Pfanne vom Herd nehmen.

3. Den Backofen auf 220 °C Ober-/Unterhitze (Umluft 200 °C) vorheizen. Eine Springform mit Butter einfetten. Den Mürbeteig auf einer bemehlten Arbeitsfläche ausrollen und die Form damit bis zum Rand hoch auskleiden. Dann den Teigboden mit einer Gabel mehrmals einstechen, damit er sich später beim Vorbacken nicht wölbt.

4. Den Teig im Backofen (mittlere Schiene) knapp 10 Minuten vorbacken. Die Form aus dem Backofen nehmen und den Teig einige Minuten abkühlen lassen, dann das Gemüse auf dem Teigboden verteilen. Den Käse gleichmäßig darüberstreuen.

5. Die Eier mit der Sahne verquirlen und kräftig mit Salz, Pfeffer und Muskat würzen. Die Eier-Sahne-Mischung vorsichtig über das Gemüse gießen. Die Quiche im Backofen (mittlere Schiene) in etwa 30 Minuten fertig backen. Anschließend herausnehmen und in der Form abkühlen lassen.

Tipp

Das gegarte Gemüse nach Bedarf abtropfen lassen, bevor es auf dem vorgebackenen Teig verteilt wird.

Knusprig
und
crêmig

Knusprige Kartoffelnester

MIT TSATSIKI

Die Kartoffelspiralen können in einer Pfanne zu Nestern gebraten oder in einer Fritteuse knusprig gebacken werden.

Zutaten für 2 Portionen

Zubereitungszeit:
30 Minuten

½ kleines Bund Dill
2 Knoblauchzehen
1 kleine Salatgurke
Salz
150 g griechischen Joghurt (10 % Fett)
150 g Speisequark (20 % Fett)
1 TL Olivenöl
schwarzer Pfeffer aus der Mühle
500 g festkochende Kartoffeln
4–6 EL Pflanzenöl

1. Den Dill waschen und trocken schütteln, die Dillspitzen fein hacken. Den Knoblauch schälen und durch eine Knoblauchpresse drücken. Die Salatgurke waschen, schälen und im Spiralschneider mit oder ohne Kurbel zu Spaghetti schneiden. Diese mit dem Messer in kleinere Stücke schneiden, mit Salz bestreuen und in einem Sieb kurz abtropfen lassen. Anschließend mit den Händen die Flüssigkeit gut ausdrücken.

2. Den Joghurt mit Quark, Olivenöl, der Hälfte Dill und Knoblauch cremig rühren und zuletzt die Gurken unterziehen. Mit Salz und Pfeffer würzen.

3. Die Kartoffeln waschen, schälen und im Spiralschneider mit Kurbel zu Spaghetti schneiden. 2 Esslöffel Pflanzenöl in einer Pfanne erhitzen, 1 Portion Kartoffelspaghetti darin 2–3 Minuten anbraten und mit einem Löffel etwas zusammendrücken, dann wenden und ebenfalls 2–3 Minuten braten. Herausnehmen und auf Küchenpapier setzen. Auf diese Weise insgesamt nacheinander 4 Portionen braten. Mit Salz und Pfeffer würzen.

4. Je 2 Kartoffelnester auf einen Teller setzen und etwas Tsatsiki daraufgeben. Mit dem restlichen Dill bestreuen und servieren.

Tipp

Zum Frittieren einen Schaumlöffel ins heiße Fett tauchen und die Kartoffeln als Nest daraufgeben. Dann den Schaumlöffel in die Fritteuse tauchen. Sobald die Kartoffelnester angebacken sind, diese vom Schaumlöffel lösen und in 1–2 Minuten knusprig und goldbraun backen.

Variante

Wer es lieber süß haben möchte, lässt Salz und Pfeffer beim Braten weg und würzt mit etwas Zucker und Zimt. Dazu gibt es Apfelmus.

Für Gäste
Zum Brunch

Würzige Gemüse-Tortilla

MIT MANCHEGO

Die spanische Tortilla kann beliebig variiert werden. Mit gekochten Kartoffelscheiben, die knusprig gebraten werden, oder mit Kartoffelspiralen aus dem Spiralschneider.

Für 1 große Pfanne mit 24 cm Ø

Zubereitungszeit:
30 Minuten

2 Knoblauchzehen
1 rote Zwiebel
1 rote Paprikaschote
1 Zucchini (ca. 300 g)
½ kleines Bund Petersilie
3 EL Olivenöl
Salz
schwarzer Pfeffer aus der Mühle
je 1 Msp. gemahlene Kurkuma, getrockneter Oregano, Chilipulver und geräuchertes Paprikapulver
5 Eier (M)
5 EL Sahne (wahlweise Milch)
50 g Manchego-Käse

1. Den Knoblauch schälen und fein würfeln. Die Zwiebel schälen und im Spiralschneider mit Kurbel zu Spiralen schneiden. Die Paprikaschote putzen, entkernen und waschen. Die Zucchini waschen und von den Enden befreien. Beides im Spiralschneider mit Kurbel zu Spiralen schneiden. Die Petersilie waschen und trocken schütteln, die Blättchen abzupfen und fein hacken.

2. Das Olivenöl in einer beschichteten Pfanne erhitzen, Knoblauch und Zwiebelspiralen darin kurz anbraten. Zucchini- und Paprikaspiralen dazugeben und mit Salz, Pfeffer, Kurkuma, Oregano, Chili- und Paprikapulver kräftig würzen. Das Gemüse bei mittlerer Hitze einige Minuten braten.

3. Die Eier mit der Sahne verquirlen und den Käse reiben. Den Käse sowie die Hälfte der Petersilie unterrühren. Alles gleichmäßig über die Gemüsemischung gießen und zugedeckt bei niedriger Hitze in etwa 10 Minuten stocken lassen.

Serviervorschlag

Eine Tortenplatte oder den Boden einer Springform auf die Pfanne geben und die Tortilla mit einem Ruck umgekehrt darauf stürzen. Die Tortilla mit der restlichen Petersilie bestreuen und servieren.

Variante

Nach Belieben kann der spanische Käse Manchego auch einfach durch Schafskäse (Feta) ersetzt werden.

Eingewecktes
für den
Vorrat

Zucchini-Girlanden

MIT MEERRETTICH

So wird gartenfrisches Gemüse für den Winter konserviert – nämlich in hübschen Spiralen und mit würzigem Essigsud.

Für 4 Schraubgläser à etwa 400 ml Inhalt

Zubereitungszeit:
40 Minuten

500 ml Weißweinessig
1 EL Salz
200 g Zucker
800 g Zucchini
1 kleiner frischer Meerrettich
1 rote oder weiße Zwiebel
1 TL Pimentkörner
1 TL Pfefferkörner
1 TL Senfkörner

1. Für die Marinade 500 ml Wasser in einen Topf geben. Mit Weißweinessig, Salz und Zucker verrühren und aufkochen. Den Topf vom Herd nehmen und die Flüssigkeit abkühlen lassen.

2. Die Zucchini waschen und von den Enden befreien. Meerrettich und Zwiebel schälen. Zucchini, Meerrettich und Zwiebel im Spiralschneider mit Kurbel zu Spiralen schneiden und in die Gläser geben. Die Piment-, Pfeffer- und Senfkörner mischen und in die Gläser streuen.

3. Den abgekühlten Essigsud über das Gemüse gießen, sodass alles bedeckt ist. Die Gläser luftdicht verschließen und in einen großen Topf stellen. Dann so viel Wasser dazugießen, dass alles bedeckt ist.

4. Das Wasser bis kurz unter dem Siedepunkt erhitzen und das Gemüse in den Gläsern bei niedriger Hitze in etwa 20 Minuten einwecken. Die Gläser aus dem Wasser nehmen und bei Zimmertemperatur abkühlen lassen.

Variante
Anstatt Meerrettich einfach in jedes Glas 1 kleine rote Chilischote oder frische Dillzweige legen.

Tipp
Anstatt normaler Schraubgläser können Sie auch einfach Weckgläser mit Klammern und Gummiringen verwenden.

Vegetarisches für Groß und Klein

Pfannküchlein

MIT GEMÜSE-POTPOURRIE

Ob Pfannkuchen, Eierkuchen oder Pancakes, sie sind von Klein bis Groß eine gute Unterlage für Toppings – hier mit Gemüsespaghetti aus dem Ofen.

Zutaten für 2 Portionen

Zubereitungszeit:
40 Minuten

150 g Weizenmehl (Type 405)
Backpulver
2 Eier (M)
150 ml Milch
1 große Möhre
½ Kohlrabi
1 Zucchini
Salz
schwarzer Pfeffer aus der Mühle
Zucker
1–2 EL Butter
½ kleines Bund Petersilie
150 g Joghurt
1 EL Zitronen- oder Orangensaft

1. Mehl, 1 Prise Backpulver, Eier und Milch in eine Rührschüssel geben und mit den Quirlen des Handrührgeräts zu einem glatten Teig rühren. Den Pfannkuchenteig etwa 20 Minuten ruhen lassen.

2. Den Backofen auf 200 °C Ober-/Unterhitze vorheizen. Ein Backblech mit Backpapier auslegen. Die Möhre und den Kohlrabi schälen. Die Zucchini waschen und von den Enden befreien. Möhre, Kohlrabi und Zucchini im Spiralschneider mit Kurbel zu Spaghetti schneiden. Die Gemüsespaghetti auf dem Backblech verteilen, mit Salz, Pfeffer und 1 Prise Zucker würzen. Die Gemüsespaghetti im Backofen (mittlere Schiene) etwa 10 Minuten garen.

3. Inzwischen aus dem Teig 6–8 Pfannküchlein backen. Dafür jeweils etwas Butter in einer kleinen Pfanne erhitzen, den Teig portionsweise dazugeben und auf jeder Seite etwa 2 Minuten backen. Die Petersilie waschen und trocken schütteln, die Blättchen abzupfen und fein hacken. Die Petersilie mit Joghurt und Zitrussaft verrühren. Den Joghurt mit Salz und Pfeffer würzen.

4. Die Pfannküchlein auf zwei Teller verteilen, mit Gemüsespaghetti belegen und mit Petersilien-Joghurt überziehen.

Alles
aus einem
Pot

Nudel-Gemüse-Wok

MIEGORENG

Bratnudeln und Bratreis sind in Asien echt leckere Resteessen. Das erklärt vielleicht, warum die Rezepte so vielfältig – eben wie die Reste – sind.

Zutaten für 2 Portionen

Zubereitungszeit:
30 Minuten

150 g asiatische Eiernudeln
Salz
2 Schalotten
2 Knoblauchzehen
1 Zucchini
1 Möhre
1 Petersilienwurzel
2 EL Erdnussöl
schwarzer Pfeffer aus der Mühle
2 EL helle Sojasauce
1 EL dunkles Sesamöl
2 EL Sesamsamen, geröstet (nach Belieben)

1. Die asiatischen Eiernudeln, je nach Sorte und Packungsanweisung, in kochendem Salzwasser bissfest garen. Die Nudeln abgießen und abtropfen lassen.

2. Schalotten und Knoblauch schälen und in feine Würfel schneiden. Zucchini waschen und von den Enden befreien. Möhre und Petersilienwurzel schälen. Zucchini, Möhre und Petersilienwurzel im Spiralschneider ohne oder mit Kurbel zu Spaghetti schneiden.

3. Das Erdnussöl in einem Wok erhitzen, das Gemüse darin nacheinander braten, zuerst Schalottenwürfel und Knoblauch, dann die Gemüsestreifen.

4. Das Gemüse mit Salz, Pfeffer, Sojasauce und Sesamöl würzen. Zuletzt die Nudeln vorsichtig unterheben. Die Nudeln mit Salz, Pfeffer und Sojasauce abschmecken. Nach Belieben die Sesamsamen untermischen.

Tipp

Bevor das Gemüse vorbereitet wird, den Wok erhitzen und die Sesamsamen darin ohne Fett unter Schwenken anrösten, bis sie duften. Dann herausnehmen. Wer keinen Wok hat, nimmt eine große tiefe Pfanne.

Variante

Nicht mehr vegetarisch ist das Gericht, wenn etwa 100 g fein gewürfeltes Schweinefleisch mit angebraten wird.

Kräftig
und sehr
aromatisch

Bratreis mit Gemüse

NASIGORENG

Reis heißt in der indonesischen Sprache „nasi" und gebraten „goreng". Auch bei diesem feinen Resteessen kann alles in einen Topf.

Zutaten für 2 Portionen

Zubereitungszeit:
30 Minuten

½ kleines Bund Koriandergrün
3 Schalotten
3 Knoblauchzehen
1 Stück frischer Ingwer (ca. 3 cm)
½ kleine rote Chilischote
1 Kohlrabi
1 große Möhre
1 kleine Salatgurke
2 EL Erdnussöl
250 g gekochter Reis (vom Vortag)
Salz
schwarzer Pfeffer aus der Mühle
3 EL helle Sojasauce
1 Ei (nach Belieben)

1. Das Koriandergrün waschen und trocken schütteln, die Blättchen abzupfen und fein hacken. Schalotten, Knoblauch sowie Ingwer schälen und alles fein würfeln. Die Chilischote putzen, entkernen, waschen und ebenfalls fein würfeln.

2. Kohlrabi, Möhre und Salatgurke schälen, dann im Spiralschneider mit Kurbel zu Spaghetti oder in eine beliebige Form schneiden.

3. Das Erdnussöl in einem Wok erhitzen, die Chili-, Schalotten-, Knoblauch- und Ingwerwürfel darin kurz anbraten. Die Gemüsestreifen dazugeben und alles bei mittlerer Hitze unter Schwenken 5–6 Minuten braten.

4. Den gegarten Reis hinzufügen und untermischen. Die Reis-Gemüse-Mischung mit Salz, Pfeffer und Sojasauce würzen und einige Minuten braten. Nach Belieben das Ei mit etwas Salz verquirlen und über die Reismischung gießen. Das Koriandergrün darüberstreuen und alles schnell bei starker Hitze verrühren. Den Bratreis sofort servieren.

Tipp

Frisch gekochter Reis klebt beim Braten und das Gericht wird matschig. Daher den Reis lieber am Tag zuvor garen.

Variante

Wer möchte, kann mit dem Reis klein gehacktes Hähnchenfleisch mit anbraten.

Superschnell, einfach und lecker

Coodles mit Zitrone

UND CRÈME FRAÎCHE

Dieses Pfannengericht schmeckt auch mit einer Mischung aus Möhren, Zucchini, Gurken und Kohlrabi. Aus „Noodles" und „Carrots" wurden „Coodles" kreiert.

Zutaten für 2 Portionen

Zubereitungszeit:
20 Minuten

1 Knoblauchzehe
1 Frühlingszwiebel
1 unbehandelte Zitrone
500 g Möhren
2 EL Olivenöl
Zucker
Salz
schwarzer Pfeffer aus der Mühle
100 g Kräuter-Crème-fraîche

1. Den Knoblauch schälen und fein würfeln. Die Frühlingszwiebel putzen, waschen und in feine Würfel schneiden. Die Zitrone heiß waschen, abtrocknen und die Schale auf einer Küchenreibe fein abreiben. Den Saft der Zitrone auspressen.

2. Die Möhren schälen und im Spiralschneider ohne oder mit Kurbel zu Spaghetti schneiden. Nach Belieben etwas Möhrengrün waschen, grob hacken und beiseitelegen. Das Olivenöl in einer großen Pfanne erhitzen, die Knoblauch- und Frühlingszwiebelwürfel darin kurz andünsten.

3. Die Möhrenspaghetti hinzufügen und einige Minuten mitdünsten. Mit 1 Prise Zucker, Salz und Pfeffer würzen. Zitronensaft und Zitronenschale zu den Möhrenspaghetti geben und je nach gewünschter Bissfestigkeit noch einige Minuten garen.

4. Die Coodles mit der Kräuter-Crème-fraîche vermischen, auf Teller verteilen und nach Belieben mit Möhrenkraut bestreuen und servieren.

Kunterbunte
Gemüse-
päckchen

Gemischtes Ofengemüse

IN PERGAMENTPAPIER

Das Pergamentpapier mit dem Gemüse wird wie ein Bonbon verschlossen. Die Gemüsemischung im Päckchen ist saisonal und regional immer wieder anders.

Zutaten für 2 Portionen

Zubereitungszeit:
10 Minuten
Backzeit:
30 Minuten

1 Knoblauchzehe
1 TL + 4 EL Olivenöl
½ TL Zitronensaft
1 Zucchini
1 Kohlrabi
1 Möhre
1 Zwiebel
1 große Kartoffel
Salz
schwarzer Pfeffer aus der Mühle
getrocknetes Basilikum
getrockneter Thymian
getrockneter Oregano
½ kleines Bund Minze
2 EL Pinienkerne
50 g Pecorino

1. Den Backofen auf 200 °C Ober-/Unterhitze vorheizen. Den Knoblauch schälen und durch eine Knoblauchpresse in ein Schälchen drücken, mit 1 Teelöffel Olivenöl und Zitronensaft verrühren.

2. Zucchini waschen und von den Enden befreien. Kohlrabi, Möhre, Zwiebel und Kartoffel schälen und alles im Spiralschneider mit Kurbel entweder zu Girlanden oder Spaghetti schneiden.

3. Zwei große Blätter Pergamentpapier oder Backpapier auf einer Arbeitsfläche auslegen. Das Gemüse mischen und in die Mitte des Papiers geben. Mit dem Knoblauchöl beträufeln und mit Salz, Pfeffer, je 1 kräftigen Prise Basilikum, Thymian und Oregano würzen. Das Papier an den Seiten wie ein Bonbon gut verschließen und die Päckchen auf das Backblech legen. Im Backofen (mittlere Schiene) etwa 30 Minuten garen.

4. Inzwischen die Minze waschen und trocken schütteln, die Blättchen abzupfen und in Streifen schneiden. Die Pinienkerne fein hacken. Den Pecorino reiben. Dann 4 Esslöffel Olivenöl mit Minze, Pinienkernen und Pecorino gründlich verrühren. Oder alles in den Standmixer geben und gut durchmixen. Die Minzsoße mit Salz und Pfeffer würzen.

5. Die Gemüsepäckchen aus dem Backofen nehmen, auf Teller setzen und erst am Tisch vorsichtig öffnen. Die Minzesoße darüberträufeln.

Schmeckt
auch Kindern
sehr gut

Gemüsespaghetti

MIT TOMATENSOSSE

Wer es lieber fruchtiger möchte, lässt die Sahne einfach weg und nimmt nach Geschmack mehr Tomaten.

Zutaten für 2 Portionen

Zubereitungszeit:
25 Minuten

1 kleine Zwiebel
1 Knoblauchzehe
250 g aromatische Tomaten
1 EL Olivenöl
Salz
schwarzer Pfeffer aus der Mühle
4–5 EL trockener Rotwein (wahlweise Gemüsebrühe, nach Belieben)
½ kleines Bund Basilikum
600 g Zucchini
100 g Sahne

1. Die Zwiebel und den Knoblauch schälen und fein würfeln. Die Tomaten waschen und die Stielansätze entfernen. Die Tomaten vierteln und in kleine Stücke schneiden. Das Olivenöl in einer Pfanne erhitzen, die Zwiebel- und Knoblauchwürfel darin glasig dünsten.

2. Die Tomatenstücke hinzufügen, mit Salz und Pfeffer würzen. Nach Belieben den Rotwein unterrühren. Dann die Soße zugedeckt bei mittlerer Hitze etwa 10 Minuten schmoren lassen.

3. Inzwischen das Basilikum waschen und trocken schütteln, die Blättchen abzupfen und in Streifen schneiden. Die Zucchini waschen, von den Enden befreien und im Spiralschneider ohne oder mit Kurbel zu Spaghetti schneiden. Wasser in einem Topf aufkochen und salzen. Die Gemüsespaghetti ins kochende Salzwasser geben und einige Minuten garen.

4. Die Sahne unter die Tomatensoße rühren und erwärmen. Die Basilikumstreifen untermischen. Die Zoodles in ein Sieb abgießen, abtropfen lassen, auf zwei Teller verteilen und löffelweise mit der Tomatensoße überziehen.

Variante

Alternativ einfach die rohen Zoodles direkt in die Tomatensoße geben und darin einige Minuten ziehen lassen.

Schmeckt superlecker
To Go

Zoodles-Mini-Pizzas

MIT TOMATEN

Der Teig kann wie bei einer normalen Pizza auch breitflächig auf dem Backblech ausgerollt werden.

Zutaten für 6 kleine Pizzas

Zubereitungszeit:
20 Minuten
Ruhezeit:
40 Minuten
Backzeit:
20 Minuten

250 g Weizenmehl (Type 405)
½ Päckchen Trockenhefe
Zucker
1 Knoblauchzehe
1 kleine Zwiebel
1 Zucchini
2 Möhren
1 EL Olivenöl
Salz
schwarzer Pfeffer aus der Mühle
½ TL getrockneter Oregano
250 g Tomatenwürfel im Saft (Tetrapak)
100 g geraspelter Pizzakäse (Fertigprodukt)

Außerdem
1 EL Olivenöl zum Einfetten
Mehl für die Arbeitsfläche

1. Das Mehl in eine Schüssel sieben und eine Mulde hineindrücken. Die Trockenhefe mit 100 ml lauwarmem Wasser verrühren und in die Mehlmulde gießen. 1 Prise Zucker darüberstreuen, die Schüssel mit einem Tuch abdecken und den Vorteig etwa 20 Minuten gehen lassen.

2. Inzwischen Knoblauch und Zwiebel schälen und fein würfeln. Die Zucchini waschen und von den Enden befreien. Die Möhren waschen und schälen. Zucchini und Möhren im Spiralschneider ohne oder mit Kurbel zu Spaghetti schneiden. Das Olivenöl in einer Pfanne erhitzen und die Knoblauch- und Zwiebelwürfel darin glasig dünsten.

3. Die Gemüsespaghetti hinzufügen und einige Minuten mitdünsten. Mit Salz, Pfeffer und Oregano würzen. Die Tomatenwürfel samt Saft dazugießen und alles bei niedriger Hitze etwa 3 Minuten köcheln lassen. Die Pfanne beiseitestellen und die Gemüsespaghetti leicht abkühlen lassen. Den Backofen auf 220 °C Ober-/Unterhitze vorheizen. Ein Backblech mit 1 Esslöffel Olivenöl bestreichen.

4. Den Vorteig auf einer bemehlten Arbeitsfläche mit 1 kräftigen Prise Salz zu einem geschmeidigen Teig kneten. Diesen in 6 Portionen teilen und zugedeckt weitere 20 Minuten ruhen lassen.

5. Die Teigportionen nochmals kneten, zu kleinen Pizzas ausrollen und auf das Backblech legen. Die Gemüsemischung darauf verteilen und den Käse darüberstreuen. Die Pizzas im Backofen (mittlere Schiene) 15–20 Minuten backen.

Tipp

Die kleinen Pizzas mit frisch gehacktem Basilikum servieren.

Schnelles
Pfannen-
gericht

Zoodles mit Mangold

UND ZIEGENKÄSE

Sie werden etwas schärfer mit Chiliflocken oder eher milder mit einem Kräutermix aus frisch gehackter Petersilie und Minze.

Zutaten für 2 Portionen

Zubereitungszeit:
30 Minuten

2 Schalotten
250 g Mangold (oder Pak Choi)
1 Möhre
1 rote Paprikaschote
1 Zucchini
2 EL Olivenöl
Salz
schwarzer Pfeffer aus der Mühle
Cayennepfeffer
3–4 EL trockener Weißwein (wahlweise Gemüsebrühe)
2 EL gehobelte Haselnusskerne
100 g cremiger Ziegenkäse
1 TL Honig

1. Die Schalotten schälen und fein würfeln. Den Mangold waschen und in feine Streifen schneiden. Die Möhre waschen und schälen. Die Paprikaschote putzen, entkernen und waschen. Zucchini waschen und von den Enden befreien. Dann die Möhre, die Paprikaschote sowie die Zucchini im Spiralschneider mit Kurbel zu Spaghetti schneiden.

2. Das Olivenöl in einer Pfanne erhitzen, die Schalottenwürfel darin glasig dünsten. Die Gemüsespaghetti hinzufügen und 3–4 Minuten mit andünsten. Die Mangoldstreifen dazugeben und alles mit Salz, Pfeffer und Cayennepfeffer würzen. Das Gemüse mit Weißwein beträufeln und alles einige Minuten dünsten.

3. Inzwischen die gehobelten Haselnusskerne in einer beschichteten Pfanne ohne Fett rösten, bis sie duften. Den Ziegenkäse in Mini-Portionen teilen. Das Gemüse auf zwei großen Tellern verteilen. Anschließend mit Ziegenkäse garnieren und mit Honig beträufeln.

Variante

Anstatt Ziegenkäse mal Schafskäse (Feta) nehmen und anstelle von gehobelten Haselnusskernen Pinienkerne oder Mandelblättchen verwenden.

Ganz simpel
und sehr
köstlich

Süßkartoffelpfanne

MIT BABYSPINAT

Außergewöhnlicher Mix zum Kennenlernen: knusprige Süßkartoffelspaghetti oder -spiralen mit Ingwer und Chili gewürzt. Dazu eine minzige Joghurtsoße.

Zutaten für 2 Portionen

Zubereitungszeit:
30 Minuten

1 Stück frischer Ingwer (ca. 3 cm)
½ kleine rote Chilischote
100 g Babyspinat
½ kleines Bund Minze
150 g Joghurt
Saft von ½ Zitrone
Salz
schwarzer Pfeffer aus der Mühle
500 g Süßkartoffeln
5 EL Olivenöl
1 EL Weißweinessig

1. Den Ingwer schälen und fein würfeln. Die Chilischote putzen, entkernen, waschen und fein hacken. Den Babyspinat verlesen, waschen und abtropfen lassen. Die Minze waschen und trocken schütteln, die Blättchen abzupfen und in Streifen schneiden.

2. Den Joghurt mit Zitronensaft und Minze verrühren. Mit Salz und Pfeffer würzen. Die Süßkartoffeln schälen und im Spiralschneider mit Kurbel zu Spiralen schneiden. Die Hälfte des Olivenöls in einer Pfanne erhitzen, Ingwer und Chili darin kurz andünsten. Die Süßkartoffeln hinzufügen und bei mittlerer Hitze von allen Seiten in 6–8 Minuten knusprig braten.

3. Das restliche Olivenöl mit Weißweinessig verrühren. Den Babyspinat damit anmachen, mit Salz und Pfeffer würzen und breitflächig auf zwei Teller verteilen. Die Süßkartoffeln darauf anrichten und mit etwas Joghurtsoße beträufeln. Den Rest in Portionsschalen dazu reichen.

Süße Variante

Für süße Süßkartoffeln aus dem Backofen die Kartoffelspiralen mit Salz, Pfeffer, Zimtpulver, 1 Prise Vanillezucker und 2 Esslöffel Olivenöl verrühren. Auf ein mit Backpapier ausgelegtes Backblech geben und im vorgeheizten Backofen (mittlere Schiene) bei 220 °C Ober-/Unterhitze in 20–25 Minuten knusprig backen.

Pikante Variante

Für pikante Süßkartoffeln aus dem Backofen die Kartoffelspiralen mit Chilipulver, Salz, Pfeffer und getrocknetem Oregano würzen. In einer Auflaufform mit 2 Esslöffel Olivenöl locker vermengen und im vorgeheizten Backofen (mittlere Schiene) bei 220 °C Ober-/Unterhitze 20–25 Minuten backen. Nach Belieben mit geraspeltem Käse bestreuen und unter dem Backofengrill kurz überbacken.

Knusprige
Kartoffeln im
Kringel-Look

„Curly Fries“

MIT WÜRZIGER SOSSE

Es gibt dicke und dünne Kringel, je nach Schneidegerät. Sie schmecken fettarm aus dem Backofen oder etwas öliger aus der Fritteuse.

Zutaten für 2 Portionen

Zubereitungszeit:
35 Minuten

½ kleines Bund Petersilie
1 große Orange
2 EL Olivenöl
50 g Tomatenmark
Zucker
100 g passierte Tomaten (Tetrapak)
Salz
schwarzer Pfeffer aus der Mühle
Currypulver
Cayennepfeffer
500 g festkochende Kartoffeln
rosenscharfes Paprikapulver
edelsüßes Paprikapulver
½ TL getrockneter Rosmarin

1. Die Petersilie waschen und trocken schütteln, die Blättchen abzupfen und fein hacken. Den Saft der Orange auspressen. 1 Esslöffel Olivenöl in einem Topf erhitzen, das Tomatenmark darin unter Rühren etwa 1 Minute anrösten. 1 Prise Zucker und den Orangensaft unterrühren.

2. Die passierten Tomaten hinzufügen, mit Salz, Pfeffer, 1 kräftigen Prise Currypulver und Cayennepfeffer würzen und aufkochen. Die Soße offen bei niedriger Hitze etwa 5 Minuten einkochen lassen. Wenn nötig, etwas Wasser hinzufügen.

3. Den Backofen auf 220 °C Ober-/Unterhitze vorheizen. Ein Backblech mit Backpapier auslegen. Die Kartoffeln waschen, schälen und im Spiralschneider mit Kurbel zu Spiralen schneiden. Mit dem übrigen Olivenöl vermengen und mit Salz, Pfeffer, je 1 kräftigen Prise rosenscharfem und edelsüßem Paprikapulver sowie Rosmarin würzen.

4. Die Spiralen auf dem Backblech verteilen und im Ofen (mittlere Schiene) in etwa 20 Minuten knusprig backen. Dann die Soße salzen und pfeffern. Zum Schluss die Petersilie untermischen.

„Curly Fries“ mit Doppel-Curl-Cutter

Es gibt spezielle Schneidegeräte nur für Curly Fries. Die Kartoffeln sehen nach dem Schneiden wie eine dicke Girlande aus. Im Spiralschneider mit Kurbel sehen die Girlanden anders aus.

Variante

Die Kartoffeln zu dicken Girlanden oder Spiralen schneiden und in kaltes Wasser legen. 100 g Mehl, 1 Ei (M) und 250 ml Flüssigkeit (z. B. Wasser, Weißwein oder helles Bier) verrühren. Mit Salz, Pfeffer, rosenscharfem und edelsüßem Paprikapulver würzen. Die Girlanden auf Küchenpapier legen. Dann durch den Backteig ziehen und auf ein mit Backpapier ausgelegtes Blech legen. Im vorgeheizten Ofen (mittlere Schiene) bei 220 °C Ober-/Unterhitze etwa 20 Minuten backen, dabei ein- bis zweimal wenden.

Mexikanisch
inspiriert

Taco-Käse-Gemüse

MIT ROTEM CHILI

In Mexiko sind „Tacos" Fast Food und werden beliebig gefüllt. Die Taco-Chips in diesem Rezept sind harte, knusprige und würzige Gebäckstücke.

Zutaten für 2 Portionen

Zubereitungszeit:
30 Minuten

1 Knoblauchzehe
1 kleine Zwiebel
1 kleine rote Chilischote
1 große Möhre
1 gelbe Zucchini
1 grüne Zucchini
2 EL Olivenöl
Salz
schwarzer Pfeffer aus der Mühle
gemahlener Kreuzkümmel
¼ TL getrockneter Oregano
gemahlene Gewürznelke
1 EL trockener Weißwein (wahlweise Gemüsebrühe; nach Belieben)
100 g Taco-Chips
100 g Käse (z. B. Gouda, Manchego), gerieben

1. Den Backofen auf 200 °C Ober-/Unterhitze vorheizen. Den Knoblauch und die Zwiebel schälen und fein würfeln. Die Chilischote putzen, entkernen, waschen und in kleine Würfel schneiden.

2. Die Möhre waschen und schälen. Die Zucchini waschen und von den Enden befreien. Möhre und Zucchini im Spiralschneider ohne oder mit Kurbel zu Spaghetti schneiden. Das Olivenöl in einer ofenfesten Pfanne erhitzen, Knoblauch, Zwiebel und Chili darin 1–2 Minuten andünsten.

3. Die Gemüsespaghetti hinzufügen und mit Salz, Pfeffer, Kreuzkümmel, Oregano und 1 Prise Gewürznelke würzen. Das Gemüse einige Minuten mit andünsten und nach Belieben mit Weißwein beträufeln.

4. Die Pfanne vom Herd ziehen. Die Taco-Chips zerbröseln und gleichmäßig auf dem Gemüse verteilen. Den Käse darüberstreuen. Das Gemüse im Backofen (mittlere Schiene) in etwa 5 Minuten überbacken, bis der Käse zerlaufen ist.

Variante

Mit Knoblauch, Zwiebel und Chili noch 150 g Rinderhackfleisch mit anbraten. Zusätzlich etwa 100 g gehackte Tomaten mit Saft (Tetrapak) hinzufügen. Dann die Gemüsespaghetti dazugeben und wie beschrieben fertig garen.

Arabisch inspiriert
To go

Gerollte Teigfladen

MIT HALLOUMI

Bei diesen Fladen kommt Hummus, ein Kichererbsenmus, auf den Teig und auf den zypriotischen Käse noch Knoblauchöl.

Zutaten für 2 dünne Teigfladen

Zubereitungszeit:
30 Minuten

1 kleine Zwiebel
2–4 grüne Salatblätter
1 Möhre
1 Salatgurke
2 Knoblauchzehen
2 EL Olivenöl
100 g Halloumi (zypriotischer Käse)
2 dünne Weizenmehl-Teigfladen (Fertigprodukt)
100 g Hummus (siehe Kichererbsenmus mit karamellisierten Coodles, S. 35)

1. Die Zwiebel schälen. Salatblätter waschen. Möhre und Salatgurke schälen. Zwiebel, Möhre und Salatgurke im Spiralschneider mit Kurbel zu Spaghetti oder Spiralen schneiden. Die Salatblätter in Streifen schneiden.

2. Den Knoblauch schälen, durch eine Knoblauchpresse in eine Schüssel drücken und mit 1 Esslöffel Olivenöl verrühren. Den Käse in 4 Scheiben schneiden. 1 Esslöffel Olivenöl in einer Pfanne erhitzen, die Käsescheiben darin auf jeder Seite etwa 2 Minuten braten.

3. Die Teigfladen breitflächig mit Hummus bestreichen. Zwiebel, Gurke, Möhre und Salat darauf verteilen. Die Käsescheiben in Streifen schneiden und darauflegen. Alles mit dem Knoblauchöl beträufeln und die Fladen aufrollen.

Fleisch
& Fisch
mit viel Gemüse

Schmeckt nach Süden
Bunt

Gelbe-Zucchini-Spaghetti

MIT BOLOGNESE

Die gelben Zucchini schmecken etwas fruchtiger als die grünen. Es gibt sie lang oder kugelförmig, diese heißen „Squash" und kommen in den Spiralschneider mit Kurbel.

Zutaten für 2 Portionen

Zubereitungszeit:
35 Minuten

2 Knoblauchzehen
¼ kleines Bund Suppengemüse (z. B. Möhre, Knollensellerie, Petersilienwurzel, Lauch)
2 EL Olivenöl
150 g gemischtes Hackfleisch
Salz
schwarzer Pfeffer aus der Mühle
½ TL getrocknetes Oregano
2–3 EL Rotwein (wahlweise Gemüsebrühe)
200 g Tomatenstücke im Saft (Tetrapak)
3 Zucchini (ca. 800 g)
Zimtpulver (nach Belieben)
frische Oreganoblättchen (nach Belieben)
1 Möhre (nach Belieben)

1. Den Knoblauch schälen und fein würfeln. Das Suppengemüse waschen, Möhre, Knollensellerie und Petersilienwurzel schälen und sehr klein schneiden. Den Lauch längs halbieren und quer in feine Streifen schneiden.

2. Das Olivenöl in einer Pfanne erhitzen, das Hackfleisch darin unter Rühren krümelig braten. Das vorbereitete Suppengemüse dazugeben und alles einige Minuten weiterbraten. Mit Salz, Pfeffer und Oregano würzen und zum Schluss mit dem Rotwein ablöschen.

3. Die Tomatenstücke mit Saft hinzufügen. Alles mit Salz und Pfeffer kräftig abschmecken, aufkochen und anschließend zugedeckt bei niedriger Hitze 10–15 Minuten köcheln lassen.

4. Die Zucchini waschen, von den Enden befreien und im Spiralschneider ohne Kurbel in dünne Spaghetti schneiden. Wasser in einem Topf aufkochen und salzen, die Zoodles dazugeben und 2–3 Minuten garen.

5. Die Gemüsenudeln in ein Sieb abgießen, kurz abtropfen lassen und auf zwei Teller verteilen. Die Bolognese daraufgeben, nach Belieben mit 1 Prise Zimtpulver würzen und mit Oreganoblättchen bestreuen. Nach Belieben 1 Möhre schälen und im Spiralschneider mit Kurbel zu Girlanden schneiden und die Bolognese damit dekorieren.

Vegane Variante

Dafür das Hackfleisch weglassen und die Bolognese mit geräuchertem oder neutralem Tofu zubereiten. Den Tofu in kleine Stücke schneiden und wie in Schritt 2 beschrieben goldbraun anbraten.

One Pot Zoodles
Würzig

Gemüsespaghetti

MIT THUNFISCHSOSSE

Zucchini- und Möhrenspaghetti schmecken auch roh sehr gut. Die rohen Gemüsespaghetti einfach auf Teller verteilen und mit lauwarmer Thunfischsoße überziehen.

Zutaten für 2 Portionen

Zubereitungszeit:
30 Minuten

1 kleine Zwiebel
1 Knoblauchzehe
1 kleines Bund Petersilie
250 g Zucchini
250 g Möhren
2 kleine Anchovisfilets (in Salzlake)
1 Dose Thunfisch im eigenen Saft (185 g Inhalt)
1 EL Olivenöl
schwarzer Pfeffer aus der Mühle
100 ml trockener Weißwein (wahlweise Gemüsebrühe)
100 g Sahne
1 EL Kapern

1. Die Zwiebel und den Knoblauch schälen und fein würfeln. Die Petersilie waschen und trocken schütteln, die Blättchen abzupfen und fein hacken. Die Zucchini waschen und von den Enden befreien. Die Möhren waschen und schälen. Dann Zucchini und Möhren im Spiralschneider ohne oder mit Kurbel zu Spaghetti schneiden und auf Teller verteilen.

2. Die Anchovisfilets unter fließendem kaltem Wasser waschen, mit Küchenpapier trocken tupfen und sehr fein hacken. Den Thunfisch abtropfen lassen. Das Olivenöl in einem breiten Topf erhitzen und die Zwiebel- und Knoblauchwürfel darin etwa 1 Minute andünsten.

3. Den Thunfisch mit einer Gabel zerpflücken und mit den gehackten Anchovisfilets dazugeben. Alles mit Weißwein beträufeln und mit Pfeffer würzen. Die Sahne und Kapern hinzufügen und unterrühren. Zuletzt die Möhren- und Zucchinispaghetti dazugeben und ebenfalls untermischen. Alles aufkochen und bei niedriger Hitze 3–4 Minuten köcheln lassen. Die Soße mit Salz und Pfeffer kräftig abschmecken und die Petersilie unterziehen. Dann die Gemüsespaghetti damit überziehen und servieren.

Tipp

Die Anchovisfilets sind sehr salzig, daher am besten erst beim Abschmecken testen, ob noch Salz fehlt.

Variante

Wer keine rohen Gemüsenudeln mag, gart das Gemüse. Dafür die Zucchini- und Möhrenspaghetti separat in Salzwasser 2–5 Minuten ziehen lassen, dann in ein Sieb abgießen und anrichten.

Lässt sich gut vorbereiten
Chili-scharf

Geschichteter Gemüse-Fisch

AUF KARIBISCHE ART

Bei diesem würzigen Gericht werden gebratene Fischfilets und gedünstetes Gemüse in eine Auflaufform geschichtet. Das Gericht schmeckt heiß, lauwarm oder mariniert.

Zutaten für 2 Portionen

Zubereitungszeit:
40 Minuten
Kühlzeit:
2 Stunden

400 g gehäutete Fischfilets (z. B. Rotbarsch oder Seezunge)
½ Limette
Salz
schwarzer Pfeffer, grob geschrotet
1 rote Zwiebel
1 große Möhre
1 rote Paprikaschote
½ grüne Chilischote
3 EL Olivenöl
½ TL Zucker
gemahlener Kardamom
Macis (Muskatblüte)
1 Lorbeerblatt
1 EL Weißweinessig

1. Die Fischfilets unter fließendem kaltem Wasser waschen und mit Küchenpapier trocken tupfen. Den Saft der Limette auspressen den Fisch damit beträufeln, und mit Salz und Pfeffer würzen.

2. Zwiebel und Möhre schälen. Die Möhre je nach Größe halbieren oder in 3 Stücke schneiden. Die Paprikaschote vom Stielansatz und den Kernen befreien, putzen und waschen. Anschließend Zwiebel, Paprikaschote und Möhre nacheinander im Spiralschneider mit Kurbel zu Spiralen schneiden.

3. Die Chilischote putzen, entkernen, waschen und fein würfeln. Die Hälfte des Olivenöls in einem breiten Topf oder einer hohen Pfanne erhitzen. Chili, Zwiebel, Möhre und Paprikaschote darin 2–3 Minuten andünsten und mit Zucker bestreuen. Das Gemüse mit 1 kräftigen Prise Kardamom und Macis, Salz und Pfeffer würzen. Ein paar Esslöffel Wasser dazugeben.

4. Das Lorbeerblatt und den Weißweinessig dazugeben und alles bei mittlerer Hitze etwa 5 Minuten dünsten. In einer zweiten Pfanne das restliche Olivenöl erhitzen, die Fischfilets darin auf beiden Seiten in 6–7 Minuten kross braten.

5. Den Boden einer Servier- oder Auflaufform mit der Hälfte des Gemüses belegen. Die Fischfilets aus der Pfanne nehmen, auf dem Gemüse verteilen und mit dem übrigen Gemüse bedecken. Die Form mit Alufolie fest verschließen und für 2 Stunden in den Kühlschrank stellen.

Tipp

Zum Servieren den Gemüse-Fisch mit Petersilie oder Koriandergrün und etwas Limettenschale bestreuen.

Von der Hand in den Mund

Blätterteigpäckchen

MIT THUNFISCH-ZWIEBELN

Schmeckt auch hervorragend mit Rote-Bete-Nudeln als Füllung. Mit dem praktischen Spiralschneider sind Zwiebel und Möhre im Nu in ganz schmale Streifen geschnitten.

Zutaten für 8 Päckchen

Zubereitungszeit:
20 Minuten
Backzeit:
20 Minuten

300 g TK-Blätterteig (ca. 4 Scheiben)
½ Bund Petersilie
1 Zwiebel
1 große Möhre
½ Zitrone
100 g Thunfisch (aus der Dose)
Salz
schwarzer Pfeffer aus der Mühle

Außerdem
Mehl für die Arbeitsfläche
1 Eigelb (L)

1. Die Blätterteigscheiben nebeneinander auf eine Arbeitsfläche legen und auftauen lassen. Den Backofen auf 200 °C Ober-/Unterhitze (Umluft 180 °C) vorheizen. Ein Backblech mit Backpapier auslegen.

2. Die Petersilie waschen und trocken schütteln, die Blättchen abzupfen und fein hacken. Die Zwiebel und die Möhre schälen. Beides separat im Spiralschneider mit Kurbel zu Spaghetti schneiden. Den Saft der Zitrone auspressen. Den Thunfisch abtropfen lassen. Die Gemüsespaghetti mit Salz, Pfeffer und Zitronensaft würzen. Die Petersilie und den Thunfisch untermischen. Die Blätterteigscheiben quer halbieren, auf einer bemehlten Arbeitsfläche etwas ausrollen. Das Eigelb verquirlen und den Teig damit bestreichen.

3. Auf die Hälfte jeder Teigportion die Gemüsespaghetti geben, dabei die Ränder frei lassen. Die leeren Teigflächen über das Gemüse klappen und die Ränder zusammendrücken. Die Blätterteigpäckchen auf das Backblech legen und im Backofen (mittlere Schiene) in etwa 20 Minuten goldbraun backen.

Tipp

Das Belegen des Blätterteigs geht leicht und schnell, wenn man die Gemüsespaghetti mithilfe einer Gabel aufdreht und auf den Teig legt.

Variante

Die Füllung längs auf die Blätterteigscheiben geben, den Teig aufrollen und die Teigenden wie Bonbonpapier drehen und zusammendrücken.

Zum Dippen
und zum
Mitnehmen

Kartoffel-Garnelen

MIT JOHANNISBEER-CHUTNEY

Diese leckeren Garnelen, umhüllt mit knusprigen Kartoffelspaghetti, sind auch als Fingerfood bei Partys sehr beliebt. Einfach mal ausprobieren!

Zutaten für 2 Portionen

Zubereitungszeit:
30 Minuten

2 mehligkochende Kartoffeln (ca. 400 g)
8 rohe Garnelen ohne Schale
Saft von ½ Zitrone
Salz
schwarzer Pfeffer aus der Mühle
½ kleine getrocknete Chilischote
100 g Rote Johannisbeeren
1 TL Butter
2 TL Zucker
1 TL Sherryessig
100 ml Olivenöl

1. Die Kartoffeln waschen, schälen und im Spiralschneider mit Kurbel zu Spaghetti schneiden. Die Kartoffelspaghetti etwa 10 Minuten in kaltes Wasser legen, damit sie Stärke abgeben und sich nicht verfärben.

2. Inzwischen die Garnelen waschen und zum Entfernen des Darms am Rücken entlang einschneiden. Die Garnelen unter fließendem kaltem Wasser waschen. Mit Küchenpapier trocken tupfen, mit Zitronensaft beträufeln und zum Schluss mit Salz und Pfeffer würzen.

3. Die Chilischote zerbröseln. Die Johannisbeeren waschen und von den Rispen zupfen. Dann die Butter in einem kleinen Topf erhitzen, den Zucker dazugeben und schmelzen lassen. Chilibrösel, Sherryessig und Johannisbeeren hinzufügen und alles einige Minuten einkochen lassen. Sobald die Mischung dicklich wird, den Topf beiseitestellen.

4. Die Kartoffelspaghetti in einem Sieb abtropfen lassen und zum Trocknen auf ein sauberes Küchentuch oder Küchenpapier legen. Jeweils 1 Garnele mit Kartoffelspaghetti fest umwickeln, dabei den Schwanz frei lassen.

5. Das Olivenöl in einer Pfanne erhitzen, die Kartoffel-Garnelen darin in 5–6 Minuten rundherum knusprig und goldbraun braten. Die Garnelen herausnehmen und auf Küchenpapier legen. Das abgekühlte oder lauwarme Johannisbeer-Chutney mit Salz und Pfeffer abschmecken und anschließend in Schälchen zum Dippen zusammen mit den Garnelen servieren.

Lässt sich gut vor-bereiten

Gratinierte Kartoffeln

MIT ZWIEBEL UND SARDELLEN

Dieser würzige Auflauf hat als „Jansons frestelse" schwedische Wurzeln. Schichtweise kommen Zwiebeln und Kartoffeln in eine Auflaufform und werden knusprig gebacken.

Zutaten für 2 Portionen

Zubereitungszeit:
1 Stunde

1 große Zwiebel
500 g mehlig kochende Kartoffeln
1 EL Butter
50 g Sardellen (in Salzlake)
schwarzer Pfeffer aus der Mühle
200 g Sahne

Außerdem
Butter für die Form
1 EL Petersilie, gehackt

1. Den Backofen auf 200 °C Ober-/Unterhitze vorheizen. Eine Auflaufform (18 x 27 cm) mit Butter einfetten. Die Zwiebel schälen und im Spiralschneider mit Kurbel zu Spaghetti oder Spiralen schneiden.
2. Die Kartoffeln waschen, schälen und im Spiralschneider mit Kurbel nach Belieben zu Girlanden, Spiralen oder Spaghetti schneiden. ½ Esslöffel Butter in einer Pfanne erhitzen, die Zwiebel darin einige Minuten andünsten.
3. Den Boden der Auflaufform mit der Hälfte der Kartoffeln belegen. Die Sardellen unter fließendem kaltem Wasser waschen, trocken tupfen und fein hacken. Etwa die Hälfte der Sardellen auf den Kartoffeln verteilen.
4. Die Zwiebelspiralen breitflächig auf die Sardellen und Kartoffeln geben. Dann die restlichen Sardellen und die übrigen Kartoffeln daraufgeben. Dabei jede Schicht mit Pfeffer würzen. Die Sahne gleichmäßig darübergießen und die restliche Butter in Flöckchen darauf verteilen.
5. Die Kartoffeln im Backofen (mittlere Schiene) in etwa 40 Minuten knusprig backen. Den Auflauf herausnehmen, anschließend mit gehackter Petersilie bestreuen und in der Form servieren.

Tipp

Da die Sardellen sehr salzig sind, die Schichten vorsichtig mit Salz würzen. Nach Belieben den Auflauf noch mit frisch geriebenen Weißbrotbröseln (Paniermehl) bestreuen und backen, dann wird er noch knuspriger.

Schmeckt
auch kalt
sehr gut

Rote Bete aus dem Ofen

MIT ENTENBRUST

Die rohen Roten-Bete-Noodles könnten, um in der Zoodle-Sprache zu bleiben, die „Roodles" sein. Aus dem Ofen schmecken sie leicht rauchig und färben sich dunkel.

Zutaten für 2 Portionen

Zubereitungszeit:
30 Minuten

1 kleines Bund Petersilie
2 Knoblauchzehen
2 EL Olivenöl
250 g Entenbrust ohne Haut
Salz
schwarzer Pfeffer aus der Mühle
2 mittelgroße Rote Beten
1 TL Honig
1 TL Chilisauce (mild oder scharf)
etwas Limettensaft (nach Belieben)

1. Den Backofen auf 200 °C Ober-/Unterhitze (Umluft 180°C) vorheizen. Ein Backblech mit Backpapier auslegen. Die Petersilie waschen und trocken schütteln, die Blättchen abzupfen und fein hacken. Den Knoblauch schälen und durch eine Knoblauchpresse in ein Schälchen drücken. Den Knoblauch mit 1 Esslöffel Olivenöl verrühren.

2. Die Entenbrust in sehr schmale Streifen schneiden. Mit Salz und Pfeffer würzen. Plastikhandschuhe anziehen und die Rote Beten waschen, schälen und im Spiralschneider mit Kurbel zu Spaghetti schneiden. Die Spaghetti mit dem Knoblauchöl vermengen und auf dem Backblech verteilen. Im Backofen (mittlere Schiene) etwa 10 Minuten garen.

3. Das übrige Olivenöl in einer beschichteten Pfanne erhitzen, die Fleischstreifen darin von allen Seiten 1–2 Minuten scharf anbraten. Die Pfanne beiseitestellen.

4. Die Spaghetti vom Backpapier lösen und in eine Schüssel geben. Zusammen mit den gebratenen Fleischstreifen, Honig, Chilisauce und Petersilie locker vermengen. Mit Salz und Pfeffer abschmecken. Auf zwei Teller verteilen und nach Belieben mit Limettensaft beträufeln.

Tipp

Zum Servieren die Tellerränder mit gerösteten Mandelblättchen bestreuen.

Variante

Anstelle von Entenbrust passen auch Rind-, Hähnchen- und Putenfleisch dazu.

Mit oder
ohne Fleisch
köstlich

Rindersteakstreifen

AUF SPAGHETTI MIT GEMÜSE

Ein raffinierter Mix – Teigspaghetti plus Zoodles mit zarten gebratenen Fleischstreifen als Topping.

Zutaten für 2 Portionen

Zubereitungszeit:
30 Minuten

4 Knoblauchzehen
½ kleines Bund Basilikum
3–4 Kirschtomaten
1 Zucchini (ca. 300 g)
100 g Spaghetti aus Weizenmehl
Salz
3 EL Olivenöl
200 g Rindersteak
schwarzer Pfeffer aus der Mühle

1. Den Knoblauch schälen und fein würfeln. Das Basilikum waschen und trocken schütteln, die Blättchen abzupfen und in Streifen schneiden. Die Kirschtomaten waschen und halbieren, dabei die Stielansätze entfernen.

2. Zucchini waschen, von den Enden befreien und im Spiralschneider ohne oder mit Kurbel zu Spaghetti schneiden. Für die Teigspaghetti in einem Topf Wasser aufkochen und salzen. Die Spaghetti in etwa 10 Minuten bissfest garen. Kurz vor Ende der Garzeit die Zoodles dazugeben und 2–3 Minuten mitgaren.

3. 1 Esslöffel Olivenöl in einer großen Pfanne erhitzen, das Steak darin je nach dicke von jeder Seite 2–3 Minuten braten. Das Steak herausnehmen, in Alufolie einschlagen und kurz ziehen lassen.

4. Das restliche Olivenöl in derselben Pfanne erhitzen, den Knoblauch darin kurz andünsten. Die Tomaten hinzufügen. Die Spaghetti und Zoodles mit einem Schaumlöffel aus dem Topf heben und ebenfalls in die Pfanne geben. Alles kurz mischen, mit Salz, Pfeffer und Basilikumstreifen würzen.

5. Das Fleisch aus der Folie nehmen, schräg in schmale Streifen schneiden und unter den Nudelmix mischen. Oder die Spaghetti-Zoodle-Mischung auf zwei Teller verteilen und die Fleischstreifen darauflegen.

Ideal für
Gäste und
Muschel-
Fans

Frische Muscheln

IM GEMÜSESUD

Variieren erwünscht – den Weißwein gegen Prosecco oder Sekt austauschen. Ohne Alkohol, dafür mit Gemüsebrühe, schmeckt der Sud auch.

Zutaten für 2 Portionen

Zubereitungszeit:
30 Minuten

½ kleines Bund Petersilie
2 Knoblauchzehen
2 Frühlingszwiebeln
1 Möhre
1 Zwiebel
1 kleine Zucchini
2 kg frische Muscheln mit Schalen
2 EL Olivenöl
schwarzer Pfeffer, grob geschrotet
Salz
500 ml trockener Weißwein

1. Die Petersilie waschen und trocken schütteln, die Blättchen abzupfen und fein hacken. Den Knoblauch schälen und in Scheibchen schneiden. Die Frühlingszwiebeln putzen, waschen und fein würfeln.

2. Die Möhre und die Zwiebel schälen. Zucchini waschen und von den Enden befreien. Möhre, Zwiebel und Zucchini im Spiralschneider mit Kurbel in Streifen schneiden. Oder Möhre und Zucchini mit dem kleinen Spiralschneider schneiden und die Zwiebel mit einem Messer in Streifen schneiden.

3. Die Muscheln unter fließendem kaltem Wasser waschen und in einem Sieb abtropfen lassen. Das Olivenöl in einem großen breiten Topf erhitzen, Knoblauch und Frühlingszwiebeln darin kurz andünsten. Möhren-, Zucchini- und Zwiebelstreifen unterrühren und alles einige Minuten dünsten. Das Gemüse mit Pfeffer würzen und leicht salzen. Den Weißwein dazugießen.

4. Die geschlossenen Muscheln hinzufügen und zugedeckt bei mittlerer Hitze etwa 8 Minuten ziehen lassen, bis sich die Muschelschalen öffnen. Die Petersilie dazugeben und die Muscheln offen noch kurz ziehen lassen.

Muscheln richtig zubereiten

Im Fischfachgeschäft gibt es Netze mit 1 kg oder 2 kg gut gereinigten Muscheln. Die Muscheln waschen, geöffnete Muscheln aussortieren. Nach dem Garen geschlossene Muscheln ebenfalls aussortieren. Frische Muscheln noch am selben Tag zubereiten. TK-Muscheln mit Schalen gefroren in den Sud geben.

Das Auge isst mit
Für Gäste

Kalbfleischröllchen

IN GEMÜSENESTERN

Das Gemüse für die Gemüsenester einfach nach Geschmack und Vorlieben zusammenstellen oder mit dem, was der Kühlschrank hergibt.

Zutaten für 2 Portionen

Zubereitungszeit:
30 Minuten
Marinierzeit:
1 Stunde

300 g Kalbfleischschnitzel
1 Knoblauchzehe
1 EL trockener Sherry (oder Madeira)
½ kleines Bund Salbei
500 g gemischtes Gemüse nach Wahl (z. B. Zucchini, Pastinake, Möhre, Gurke, Paprikaschote)
Salz
schwarzer Pfeffer aus der Mühle
2 EL Pflanzenöl

Außerdem
6–8 kleine Holzspieße

1. Die Kalbsschnitzel leicht plattieren und in 6–8 Streifen von etwa 2 x 10 cm schneiden. Den Knoblauch schälen und durch eine Knoblauchpresse in eine Schüssel drücken. Die Fleischstreifen und den Sherry dazugeben und vermischen. Mit Frischhaltefolie abdecken und im Kühlschrank etwa 1 Stunde die Marinade einziehen lassen.

2. Den Salbei waschen, trocken schütteln und die Blättchen abzupfen. Das Gemüse waschen. Pastinake, Möhre und Gurke schälen. Alle Gemüsesorten im Spiralschneider mit Kurbel zu Spaghetti schneiden. Die Paprikaschote putzen, entkernen, waschen und mit einem Messer in Streifen schneiden.

3. Die Fleischstreifen jeweils mit Salbeiblättchen belegen, fest aufrollen und mit einem Holzspießchen fixieren. Mit Salz und Pfeffer würzen. 1 Esslöffel Pflanzenöl in einer großen Pfanne erhitzen, die Kalbfleischröllchen darin bei großer Hitze von allen Seiten anbraten, dann bei mittlerer Hitze in 3–4 Minuten fertig braten. Die Röllchen herausnehmen und mit Alufolie abdecken.

4. 1 Esslöffel Pflanzenöl in dieselbe Pfanne geben und die Gemüsestreifen in dem Bratensatz in 5–6 Minuten bissfest garen. Mit Salz und Pfeffer würzen. Mithilfe einer Gabel die Gemüsespaghetti zu Nestern drehen und auf Teller verteilen. Die Kalbfleischröllchen daraufgeben und mit dem entstandenen Bratensatz beträufeln. Mit den restlichen Salbeiblättern garnieren.

Tipp

Alkohol verdampft beim Kochen und sorgt für ein sehr gutes Aroma. Doch zum Marinieren kann man anstatt Alkohol wie Sherry oder Madeira auch Zitronensaft verwenden. Das ist geschmacklich zwar ein Unterschied, dafür ist diese Marinade aber alkoholfrei.

Im Handum-
drehen fertig
Einfach

Schnelles Putencurry

AUS DEM WOK

Frischer Ingwer, Sojasauce und Currypaste gibt dem Ganzen den besonderen Kick. Die Currypaste gibt es im Asia-Laden nach gewünschter Schärfe in Rot, Grün oder Gelb.

Zutaten für 2 Portionen

Zubereitungszeit:
30 Minuten

1 Stück frischer Ingwer (ca. 3 cm)
2 Schalotten
400 g Gemüse (z. B. Möhre, Gurke, Zucchini)
250 g Putenfilet
2 EL helle Sojasauce
1 EL Pflanzenöl
½ EL Currypaste
250 ml Gemüsebrühe
250 ml Kokosmilch (aus der Dose)
Salz
schwarzer Pfeffer aus der Mühle

1. Den Ingwer und die Schalotten schälen und in kleine Würfel schneiden. Das Gemüse waschen und dann im Spiralschneider ohne oder mit Kurbel zu Spaghetti schneiden.
2. Das Putenfilet in sehr schmale Streifen schneiden und mit Sojasauce vermengen. Das Pflanzenöl in einem Wok oder in einer großen tiefen Pfanne erhitzen. Ingwer, Schalotten und Currypaste darin unter Rühren etwa 1 Minute anbraten.
3. Gemüsebrühe und Kokosmilch dazugießen und aufkochen. Die Gemüsespaghetti hinzufügen und bei mittlerer Hitze 3–4 Minuten garen. Zuletzt die Putenstreifen unterrühren und einige Minuten ziehen lassen. Das Putencurry mit Salz und Pfeffer würzen und servieren.

Dazu passt Reis

1 Tasse Reis in einen kleinen Topf geben, die doppelte Menge Wasser und 1 Prise Salz hinzufügen und aufkochen. Den Reis zugedeckt bei mittlerer Hitze garen, bis die Flüssigkeit fast aufgesogen ist. Den Reis in zwei großen Schalen anrichten und das Putencurry daraufgeben.

Pimp me up

Wer möchte, würzt das Curry noch mit ½ Stängel Zitronengras, 1 Knoblauchzehe, ½ Chilischote, 1 TL frisch gehacktem Koriandergrün und ½ TL Fischsauce. Das Zitronengras nur als Aromat einlegen und wieder herausnehmen.

Süßes

fruchtig, gratiniert, gebacken

Köstlicher
fruchtiger
Klassiker

Apfelküchlein

MIT VANILLE

Schmeckt frisch aus dem Ofen am besten. Gebacken wird die Köstlichkeit in einzelnen Förmchen. Die Küchlein sind ideal für Gäste oder zum Naschen am nächsten Tag.

Zutaten für 4 Auflaufförmchen à 200–250 ml

Zubereitungszeit:
20 Minuten
Backzeit:
30 Minuten

½ Zitrone
2 große Äpfel
½ Vanilleschote
100 g zimmerwarme Butter
100 g Zucker
1 Ei (M)
100 g Weizenmehl (Type 405)
½ Päckchen Backpulver
100 ml Milch

Außerdem
Butter für die Förmchen
Puderzucker zum Bestäuben

1. Den Backofen auf 220 °C Ober-/Unterhitze vorheizen. Die Förmchen mit Butter einfetten. Den Saft der Zitrone auspressen. Die Äpfel waschen, schälen und mit einem Spiralschneider mit Kurbel zu Spiralen oder Girlanden schneiden. Mit Zitronensaft beträufeln und in die Förmchen geben.

2. Die Vanilleschote längs aufschneiden und das Mark herauskratzen. Die Butter mit Zucker, Ei und Vanillemark in einer Rührschüssel mit den Quirlen des Handrührgeräts cremig rühren. Mehl und Backpulver mischen und durchsieben, die Mischung abwechselnd mit der Milch dazugeben und so lange weiterrühren, bis ein lockerer Teig entsteht.

3. Den Rührteig gleichmäßig auf den Äpfeln verteilen und im Backofen (mittlere Schiene) 25–30 Minuten backen. Die Förmchen aus dem Ofen nehmen. Die Kuchen kurz abkühlen lassen und üppig mit Puderzucker bestäuben.

Variante

Mit Birnen schmecken die kleinen Kuchen auch hervorragend, diese nach Belieben mit etwas Birnenbrand beträufeln.

Tipp

Je nach Spiralschneider die Äpfel zuvor mit einem Rundausstecher vom Kerngehäuse befreien. Eventuell die Empfehlungen des Herstellers beachten.

Mal was anderes zum Finale
Pikant

Birnen-Apfel-Carpaccio

MIT PARMESAN

Es gibt Gäste, die Früchte und Käse einem süßen Abschluss vorziehen. Doch dieses pikante, fruchtige Carpaccio mit seiner leichten Süße könnte eine Alternative sein.

Zutaten für 2 Portionen

Zubereitungszeit:
20 Minuten

1 fester Apfel
1 feste Birne (z. B. Williams oder Abate)
1 EL Orangensaft (oder Zitronensaft)
50 g Walnusskerne
50 g Parmesan
1 TL dunkler Aceto Crema

Außerdem
einige Zitronenmelisseblättchen
Puderzucker zum Bestäuben

1. Den Apfel und die Birne waschen, abtrocknen und ungeschält im Spiralschneider mit Kurbel in Spiralen oder in dünne Scheiben schneiden. Die Spiralen oder Scheiben breitflächig auf zwei Teller legen und mit etwas Orangensaft beträufeln.

2. Die Walnusskerne grob hacken und den Parmesan grob reiben. Die gehackten Nüsse und den Käse auf den Früchten verteilen. Den Aceto Crema in Fäden kreuz und quer darüberziehen.

3. Das Birnen-Apfel-Carpaccio mit Zitronenmelisseblättchen garnieren. Nach Belieben die Tellerränder oder das Carpaccio mit etwas Puderzucker bestäuben.

Leicht
Schmeckt Kindern gut

Marzipanpizza

MIT APFELSCHEIBEN

Die süße Pizza heiß in Portionsstücke schneiden und nach Belieben mit einer Kugel Vanille- oder Schokoladeneis servieren.

Zutaten für 1 Pizza

Zubereitungszeit:
15 Minuten
Backzeit:
15 Minuten

1 runder Blätterteig-Pizzaboden (270 g; aus der Kühltheke)
50 g Apfelkonfitüre
100 g Marzipanrohmasse
50 g Puderzucker
500 g Äpfel
100 g Mascarpone
Zimtpulver
1 TL Zucker
1 TL Butter

1. Den Backofen auf 220 °C Ober-/Unterhitze (Umluft 200 °C) vorheizen. Den Blätterteig-Pizzaboden auf dem beiliegenden Backpapier auf ein Backblech legen und zu einem Kreis mit 32 cm Durchmesser ausrollen. Die Apfelkonfitüre abgedeckt in der Mikrowelle bei 750 Watt 20 Sekunden oder in einem kleinen Topf unter Rühren etwa 1 Minute erwärmen. Den Pizzaboden damit bestreichen.

2. Die Marzipanrohmasse mit dem Puderzucker verkneten und zu einem kleinen Kreis von 10–15 cm Durchmesser ausrollen. Den Marzipankreis in die Mitte des Pizzabodens legen. Die Äpfel waschen, abtrocknen, vom Kerngehäuse befreien und im Spiralschneider mit Kurbel in dünne Scheiben schneiden.

3. Die Apfelscheiben gleichmäßig auf dem Pizzaboden verteilen. Den Mascarpone mit 1 Prise Zimtpulver und Zucker verrühren und die Äpfel damit überziehen. Die Butter in Flöckchen daraufgeben. Die Marzipanpizza im Backofen (mittlere Schiene) in etwa 15 Minuten goldbraun backen.

Raffiniert
Ideal für Gäste

Gratinierte Birnen

MIT MANDELN

Dieses köstliche Dessert kann in einer kleinen Auflaufform oder auf hitzebeständigen Tellern gratiniert und – Vorsicht, heiß! – serviert werden.

Zutaten für 2 Portionen

Zubereitungszeit:
30 Minuten

1 große feste Birne (z. B. Williams)
1 TL Zitronensaft (wahlweise Birnenbrand)
1 TL Zucker
1 Ei (M)
1 TL Vanillezucker
5 EL trockener Weißwein
1 EL gehobelte Mandeln
Puderzucker zum Bestäuben

1. Den Backofen auf 200 °C Ober-/Unterhitze vorheizen. Die Birne waschen, abtrocknen, vom Kerngehäuse befreien und im Spiralschneider mit Kurbel in dünne Scheiben schneiden. Die Birnenscheiben in zwei Auflaufförmchen (jeweils 12 cm Durchmesser) oder auf hitzebeständige tiefe Teller geben, mit Zitronensaft beträufeln und mit Zucker bestreuen.

2. Das Ei trennen. Das Eiweiß mit den Quirlen des Handrührgeräts steif schlagen. Das Eigelb mit Vanillezucker und Weißwein in einer Schüssel über einem heißen Wasserbad (geht auch mit einem Handrührgerät) so lange schlagen, bis eine luftige Creme entstanden ist.

3. Die Creme vom Wasserbad nehmen, kurz abkühlen lassen und den Eischnee unterheben. Die Birnen mit der Creme bedecken und im Backofen (mittlere Schiene) etwa 7 Minuten gratinieren. Inzwischen die Mandeln in einer beschichteten Pfanne ohne Fett kurz rösten. Die gratinierten Birnen aus dem Ofen nehmen, mit Mandeln bestreuen und mit etwas Puderzucker bestäuben.

Tipp

Ob Äpfel oder Birnen vor dem Schneiden im Spiralschneider entkernt werden müssen, hängt ganz von der Art des Geräts ab. Bei manchen Geräten werden die Früchte zuvor in Stücke geschnitten. Bei anderen Geräten werden die ganzen Früchte einfach fixiert, eingespannt und dann geschnitten. Das Kerngehäuse bleibt zum Schluss dann übrig.

Fein zum
Frühstück und
als Dessert

Bunte Fruchtstreifen

AUF KAKAO-HAFERFLOCKEN

Bei diesem Rezept wird das feste Fruchtfleisch mit einem Sparschäler in Streifen geschnitten.

Zutaten für 2 Portionen

Zubereitungszeit:
10 Minuten
Einweichzeit:
4 Stunden

50 g Haferflocken
1 TL ungesüßtes Kakaopulver
1 TL Honig
150 ml Bio-Milch
½ feste Kaki (Sharonfrucht)
1 kleine feste Mango
½ Orange
1 EL frische Minze, gehackt (nach Belieben)

1. Die Haferflocken mit Kakaopulver und Honig in einer Schüssel verrühren und mit der Milch übergießen. Die Schüssel mit Frischhaltefolie abdecken und für mindestens 4 Stunden in den Kühlschrank stellen.
2. Die Kaki und die Mango waschen und schälen, dann das Fruchtfleisch mit einem Sparschäler in Streifen abziehen. Den Haferbrei aus dem Kühlschrank nehmen, gründlich verrühren und in zwei große Portionsschalen geben.
3. Die Kaki- und Mangostreifen darauf verteilen. Den Saft der Orange auspressen und das Obst damit beträufeln. Nach Belieben mit gehackter Minze bestreuen.

Tipp

Wer möchte, nimmt nach Geschmack etwas mehr Honig oder ersetzt den Honig einfach durch Ahornsirup.

Beliebter
Klassiker auf
neue Art

Kaiserschmarrn

MIT APFELSPAGHETTI

Zum Servieren den Kaiserschmarrn einfach in der Pfanne auf einem Untersetzer und mit einem Löffel auf den Tisch stellen. Jeder nimmt davon, so viel wie er mag.

Zutaten für 2 Portionen

Zubereitungszeit:
30 Minuten

2 Eier (M)
1 EL Zucker
150 g Weizenmehl (Type 405)
200 ml Milch
2 EL flüssige Butter
1 großer Apfel
1 EL Calvados (Apfelschnaps; wahlweise Apfel- oder Orangensaft)
1 EL gehobelte Mandeln
Puderzucker zum Bestäuben

1. Die Eier trennen. Die Eiweiße mit den Quirlen des Handrührgeräts steif schlagen. Die Eigelbe mit Zucker, Mehl, Milch und 1 Esslöffel flüssiger Butter glatt rühren. Den Eischnee unterheben.

2. Den Apfel waschen, nach Belieben schälen und im Spiralschneider mit Kurbel zu Spaghetti schneiden. Mit Calvados locker vermengen.

3. Die restliche flüssige Butter in einer großen beschichteten Pfanne erhitzen. Die Mandelblättchen hinzufügen und den Teig dazugießen. Dabei die Pfanne so schwenken, dass sich der Teig gleichmäßig verteilt. Den Teig zunächst bei niedriger Hitze 3–4 Minuten backen, anschließend mit zwei Gabeln oder Holzlöffeln den Teig in grobe Stücke reißen.

4. Die Teigstücke bei mittlerer Hitze von allen Seiten 2–3 Minuten backen, bis sie braun sind. Den Kaiserschmarrn kurz vor dem Servieren mit etwas Puderzucker bestäuben, mit den Apfelspaghetti belegen und in der Pfanne servieren.

Schicht
für Schicht
ein Genuss

Sommerdessert

MIT MINZE IM GLAS

Früchte mit fester Struktur wie Äpfel oder Birnen lassen sich mit einem Sparschäler oder im Spiralschneider mit Kurbel ganz leicht zu formschönen Spaghetti schneiden.

Zutaten für 4 Gläser à 200–250 ml

Zubereitungszeit:
20 Minuten

½ Zitrone
250 g kleine süße Erdbeeren
1 EL Puderzucker
100 g Mascarpone
150 g Joghurt
1 Msp. Vanillemark
2–3 Stiele Minze
1 großer Apfel (Sorte nach Geschmack)

1. Den Saft der Zitrone auspressen. Die Erdbeeren putzen, waschen und trocken tupfen. Die Beeren mit Zitronensaft und Puderzucker im Standmixer oder in einem hohen Gefäß mit einem Stabmixer fein pürieren. Das Beerenpüree nach Belieben durch ein Haarsieb streichen.

2. Den Mascarpone mit Joghurt und Vanillemark verrühren. Die Minze waschen und trocken schütteln, die Blättchen abzupfen und in Streifen schneiden.

3. Den Apfel waschen, schälen und dann im Spiralschneider mit Kurbel zu Spaghetti schneiden.

4. Den Boden der Gläser mit etwas Erdbeerpüree bedecken, einen Teil Apfelspaghetti daraufgeben und mit Mascarponecreme überziehen. So lange fortfahren, bis alles aufgebraucht ist. Die einzelnen Schichten mit Minzestreifen bestreuen.

Variante

Den Apfel kann man gegen eine festfleischige Birne austauschen und die Erdbeeren durch Himbeeren ersetzen. Statt Mascarpone kann man nach Belieben auch Sahnequark verwenden.

Schmeckt
Groß und
Klein

Lauwarme Apfelspaghetti

MIT AMARETTINI

So schnell ist ein köstliches Dessert gezaubert! Für die Optik die Apfelspaghetti noch mit gehackten Pistazienkernen bestreuen oder mit Schokoladensoße überziehen.

Zutaten für 2 Gläser à 200–250 ml

Zubereitungszeit:
20 Minuten

1 großer Apfel
1 Spritzer Zitronensaft
1 TL Zucker
50 g Amarettini
100 g Sahne
150 g Vanillejoghurt

1. Den Apfel waschen, schälen und im Spiralschneider mit Kurbel zu Spaghetti schneiden. 100 ml Wasser, Zitronensaft und Zucker in einem Topf aufkochen. Die Apfelspaghetti dazugeben und bei niedriger Hitze kurz ziehen lassen, anschließend aus dem Topf nehmen.
2. Die Amarettini in einem Plastikbeutel mit einem Nudelholz zerbröseln. Die Sahne steif schlagen und unter den Vanillejoghurt ziehen.
3. Die lauwarmen oder abgekühlten Apfelspaghetti auf zwei Gläser verteilen. Mit der Hälfte der Amarettinibrösel bestreuen und die Joghurtsahne daraufgeben. Mit den restlichen Bröseln bestreuen.

Tipp

Wer es noch etwas süßer haben möchte, träufelt nach Geschmack Honig in Streifen über das Dessert.

REGISTER

ÜBER DIE AUTORIN

Rose Marie Donhauser arbeitet seit 1988 als Food- und Reisejournalistin, Restauranttesterin und sehr erfolgreiche Kochbuchautorin. Viele Bücher erhielten Auszeichnungen, wie z. B. Silbermedaillen der Gastronomischen Akademie Deutschlands, Goldene Lorbeeren aus der Schweiz oder Gourmand World Cookbook Awards. Die gelernte Köchin, die in Berlin lebt, ist dem Genuss und auch der Gesundheit immer auf der Spur. Unterwegs auf Gourmetreisen in der ganzen Welt, holt sie sich Anregungen und setzt die Ideen in Rezeptentwicklungen um.
www.donhauser-essklasse.de

DANKSAGUNG

Vielen Dank an meine vielen lieben Gäste, die sich immer freuen, bei mir zu essen. Zum einen, weil es stets neue Kreationen gibt, und zum anderen, weil sie bei mir die neuesten Küchentrends kennenlernen. Mit dem Spiralschneider wurden kiloweise Gemüse und Früchte formschön geschnitten. Und meine Gäste haben jede Menge Ideen beigesteuert, wie das eine oder andere Gericht noch pfiffiger und abwechslungsreicher gewürzt oder abgeschmeckt werden kann.

IMPRESSUM

Bibliografische Information der Deutschen Bibliothek.

Die Deutsche Bibliothek verzeichnet diese Publikation in der deutschen Nationalbibliografie.
Detaillierte bibliografische Daten sind im Internet über http://www.d-nb.de/ abrufbar.

Die im Buch veröffentlichten Aussagen und Ratschläge wurden von Verfasserin und Verlag sorgfältig erarbeitet und geprüft. Eine Garantie für das Gelingen kann jedoch nicht übernommen werden, ebenso ist die Haftung der Verfasserin bzw. des Verlags und seiner Beauftragten für Personen-, Sach- und Vermögensschäden ausgeschlossen.
Die in diesem Buch enthaltenen Informationen, Anregungen und Ratschläge stellen die Meinung und Erfahrung der Autorin dar, basierend auf dem aktuellen Stand wissenschaftlicher Erkenntnisse. Sie wurden von der Verfasserin nach bestem Wissen und mit größter Sorgfalt recherchiert. Dennoch erfolgen alle Angaben ohne Gewähr und es kann keine Garantie übernommen werden. Das Buch kann eine persönliche Beratung oder kompetenten medizinischen Rat nicht ersetzen. Weder Autorin noch Verlag können für eventuelle Schäden oder Nachteile, die sich aus den im Buch enthaltenen Hinweisen ergeben, eine Haftung übernehmen. Jeder Leser und jede Leserin ist nach wie vor für das eigene Tun selbst verantwortlich.

EIN BUCH DER EDITION MICHAEL FISCHER
1. Auflage 2017

Covergestaltung: Michaela Zander
Redaktion und Lektorat: Maryna Zimdars, Unterföhring
Fotos: Kitchenkiss photography, Holzkirchen b. München
Produktmanagement: Natascha Mössbauer
Layout und Satz: Michaela Zander

ISBN 978-3-86355-664-8

Printed in Slovakia
www.emf-verlag.de